AF211315

Gabi Seum • Was uns schmeckt

© 2001/2002 Alle Rechte bei der Autorin

Herstellung: BoD - Books on Demand GmbH, Norderstedt

ISBN 3-8311-3412-X

Was uns schmeckt

Kochen im Alltag für Gäste und Feste

Gabi Seum

Das Buch widme ich all meinen Lieben: meinem Sohn Patrick, meinem Mann Alfred, meinen Eltern, meiner Schwester Regina, meinem Schwager „Lustig" Ebbi, meinem Lieblingsneffen Jörg sowie allen Freunden, Bekannten und Verwandten, die sich darauf eingelassen haben, mit mir meinen 40. Geburtstag zu feiern.

Mein ganz besonderer Dank gilt meinem lieben Mann, ohne den dieses Kochbuch nie erschienen wäre. Aber auch meinen Freund Wolfgang Lipschus möchte ich nicht unerwähnt lassen, dessen positive Kritik sehr hilfreich war.

April 2002

Inhaltsverzeichnis

Pasta, Pasta über alles 37

Gemüse als Hauptgericht und Beilage 49

Hauptgerichte zum Verwöhnen 60

Einige Worte vorweg

Alle mir Nahestehenden wissen, was mir Spaß macht: nämlich kochen, essen, Gäste haben, Feste feiern und alles was dazu gehört. Es gibt doch nichts Schöneres, als mit der Familie oder mit Freunden gemütlich um einen Tisch zu sitzen und gutes Essen zu genießen.

In meiner Familie wurde schon immer gerne und täglich gekocht. Ein warmes Mittagessen ist für uns also etwas selbstverständliches. Alle Frauen meiner Familie haben die Gabe, ein Essen abschmecken oder verfeinern zu können. Ich freue mich, dass auch ich etwas von diesem Talent abbekommen habe.

Schon als Teenie begann ich, mir eine eigene Küchenbibliothek aufzubauen, indem ich wie wild Kochbücher und -zeitschriften sammelte. Obwohl unsere Bücherregale inzwischen schon überfüllt sind, kann ich kaum der Versuchung widerstehen, meinen Kochbuchbestand immer weiter zu vergrößern.

Ich liebe es, stundenlang Rezepte zu lesen. Oft finde ich dann natürlich auch Gerichte, die unbedingt ausprobiert werden müssen. Da ist im Laufe der Jahre schon einiges zusammen gekommen. Meine Lieblingsrezepte habe ich selbst kreiert bzw. Bekanntes nach meinem Geschmack abgewandelt.

Selbst unser Sohn Patrick ist bereits heute ein kleiner Genießer. Während sich seine Freunde auf Pommes, Ketchup und Hamburger stürzen, freut er sich eher über Kartoffelgratin, Piccata Milanese oder natürlich eine leckere Pizza. Die Freude meiner Männer am Essen motiviert mich deshalb immer wieder aufs Neue, zum Kochlöffel zu greifen.

Einige Worte vorweg

Und dann wäre da noch mein Schwesterlein, mit der ich von Geburt an ein Herz und eine Seele bin. Wie das eben bei Schwestern so ist: in vielen Dingen sind wir uns sehr ähnlich. Auch Regina ist eine begeisterte Köchin und so habe ich mir von ihr einiges abgeguckt. Wenn große Familienfeste anstehen, findet man uns beide mit großem Eifer in der Küche. Da wir ein einge-spieltes Team sind, können wir neben der Kocherei auch ununterbrochen miteinander quasseln. So macht Küchenarbeit dann auch doppelt so viel Freude.

Zu meinem 40. Geburtstag verrate ich nun einige Favoriten aus meiner Küche. Meine Rezeptsammlung steht unter dem Motto:

Kochen im Alltag für Gäste und Feste.

Hierbei überwiegen Gerichte aus der mediterranen Küche. Das liegt daran, dass uns unsere Reisen meistens in südliche Länder führen und ich von dort auch immer wieder neue kulinarische Eindrücke und Ideen mitnehme. Die Urlaubsstimmung lebt wieder auf, wenn ich zum Beispiel zu einem griechischen Abend oder zu einer italienischen Nudelparty einlade.

Alle Rezepte in diesem Buch sind leicht nachzukochen. Weder große Erfahrung noch besondere Begabung sind hierfür erforderlich. Aber eines ist wichtig: Kochen muss Spaß machen.

Gabi Seum

Vorspeisen zum Einstimmen

Wenn Gäste zu uns kommen, beginnt der Abend meistens mit einem Glas Sekt. Je nach Anlass darf es aber auch ein Gläschen Champagner sein, das wir zur Begrüßung im Stehen trinken.

Ein richtiges Essen ohne Vorspeisen kann ich mir nicht vorstellen. Wenn ich zu einem Fest einlade, will ich meine Gäste mit dem ersten Gang auf das neugierig machen, was noch kommt. Ganz nach Lust und Laune serviere ich auch schon mal mehrere Vorspeisen hintereinander. Da kommt am Tisch richtig Freude auf. Ich habe die Erfahrung gemacht, dass die Vielfalt der Speisen ein guter Garant für einen gelungenen Abend sein kann.

Zu den Vorspeisen gehören auch die Salate. Natürlich habe ich auch einige Salatrezepte selbst erfunden. Das ist gar nicht schwierig, wenn man weiß, welche Zutaten zueinander passen und in welcher Marinade sie am besten angemacht werden. Oft bereite ich in meiner Euphorie jedoch so große Mengen zu, dass sich meine Gäste schon daran fast satt essen. „Wann kommen denn die anderen 20 Gäste?", fragen mich dann die Eingeladenen, um mich auf den Arm zu nehmen.

Aber keine Angst, bei den nachfolgenden Rezepten sind die Mengen (wenn nicht anders vermerkt) wirklich nur für 4 Personen angegeben ...

11

Kleine Käse Quiches

Die Quiche ist in Frankreich überall eine beliebte Vorspeise, obwohl sie recht sättigend ist. Ich habe deshalb die Quiche-Portionen etwas kleiner bemessen. Das Besondere an diesem Rezept ist der Belag: mit Schinkenspeck und Doppelrahmfrischkäse schmecken die Törtchen sehr pikant. Die Zutaten sind für 6 Stück bestimmt.
Für die Quiches benötigt man flache Förmchen (am besten aus Steingut) mit Durchmesser von ca. 12 cm. Man kann die Quiche natürlich auch in einer großen Form zubereiten (ca. 26 cm Durchmesser).

- 200 g Mehl
- ½ TL Salz, weißer Pfeffer
- 150 g Margarine
- 250 g mittelalten Gouda
- 150 g Schinkenspeck am Stück
- 1 Bund glatte Petersilie
- 4 Eier
- 100 g Doppelrahmfrischkäse
- 100 g Saure Sahne
- Paprikapulver – edelsüß –

1 Das Mehl, Salz und 3 EL kaltes Wasser und Margarine in Flöckchen zu einem glatten Teig verkneten. Ca. 30 Minuten zugedeckt kalt stellen.

2 Den Käse grob raspeln, Schinkenspeck fein würfeln, Petersilie fein hacken.

3 Die Eier, Frischkäse und saure Sahne mit etwas Pfeffer und Paprika gut verrühren. Danach die Petersilie klein hacken und untermischen.

4 Den Mürbeteig auf etwas Mehl recht dünn ausrollen. 6 Kreise ausstechen, die ca. 1 cm größer als die Quiche-Förmchen sind. Die Förmchen fetten und mit Teig auslegen. Die Böden mit einer Gabel mehrfach einstechen.

5 Käse und Schinkenspeck unter die Ei-Frischkäse-Masse geben und gleichmäßig in die Förmchen verteilen. Im vorgeheizten Backofen bei ca. 180° auf mittlerer Schiene ca. 25 Minuten backen..

Spinattorte

Ein besonderer Genuss ist die Spinattorte mit geschmolzenem Gorgonzola. Sie kommt bei meinen Gästen immer gut an, deshalb werde ich auch oft um das Rezept gebeten.

- 170 g Mehl
- 3 Eier
- 100 g Butter
- 450 g tiefgekühlter Blattspinat (natur)
- 150 g Gorgonzola

- 1 Zwiebel
- etwas Margarine
- 1/8 l Sahne
- 1/8 l Milch
- Salz, Pfeffer, Muskat

1 Aus dem Mehl, 1 Ei, etwas Salz und der Butter rasch einen Mürbeteig kneten und 30 Minuten in den Kühlschrank stellen.

2 Den Spinat im Topf auftauen und das Wasser abgießen bzw. den Spinat ausdrücken.

3 Die Zwiebel würfeln, in etwas Margarine dünsten, Spinat darin anbraten.

4 Den Gorgonzola in Würfel schneiden und dazu geben. Gut mit dem Spinat verrühren. Mit Salz, Pfeffer und Muskat kräftig abschmecken.

5 Mürbeteig ausrollen und in eine gefettete Quicheform auslegen. Einen 1 cm hohen Teigrand in der Form andrücken. Die Spinatmasse darauf streichen.

6 Zwei Eier, Sahne und Milch kräftig schlagen und mit Salz, Pfeffer und

Muskat würzen. Diesen Eierguss über die Torte geben und im vorgeheizten Ofen bei 200° auf mittlerer Schiene ca. 30–40 Minuten backen.

Mein Tipp:

Die Spinattorte schmeckt besonders gut, wenn man sie lauwarm serviert. Sie läßt sich sogar nochmals aufwärmen.

Gefüllte Steinpilze

Leicht und köstlich ist diese Vorspeise und deshalb auch als Anfang für ein festliches Menü geeignet. Bekanntlich muss man bei dem Kauf von Steinpilzen etwas tiefer in die Tasche greifen – aber ich kann nur sagen: es lohnt sich.

- 1 altbackenes Brötchen
- ¼ l Milch
- 5 Schalotten
- 12 Steinpilze
- 6 EL sehr gutes Olivenöl
- 100 g roher milder Schinken

- 1 Bund glatte Petersilie
- 1 große Knoblauchzehe
- Salz, Pfeffer
- 4 TL Paniermehl
- 30 g Butter

1 Brötchen auf einer Reibe rundherum abreiben und in Milch einweichen.

2 Schalotten sehr fein würfeln. Stiele ganz vorsichtig aus den Pilzen drehen, Pilzköpfe beiseite legen. Stiele putzen, wenn nötig vorsichtig abwaschen.

3 Vier Esslöffel Olivenöl erhitzen. Stiele und Schinken sehr fein hacken, beides im Öl andünsten.

4 Petersilie fein hacken, Knoblauch zur Petersilie pressen. Eingeweichtes Brötchen sehr gut ausdrücken, mit einer Gabel zerdrücken und mit der Petersilie und dem Knobi zur Pilzfarce (Füllung) geben. Mit frisch gemahlenem Pfeffer und etwas Salz würzen, dann die Füllung nochmals gut durchkneten.

5 Die Pilzköpfe putzen, mit der Farce füllen. Eine feuerfeste Form mit dem restlichen Olivenöl ausfetten, die Pilzköpfe in die Form setzen. Mit Paniermehl bestreuen und Butterflöckchen daraufsetzen. Bei 200° im vorgeheizten Ofen auf mittlerer Schiene ca. 20 Minuten backen.

Mein Tipp:
Die heißen oder lauwarmen Pilze mit etwas Feldsalat und Weißbrot servieren.

Gefüllte Zucchini „italiano"

Hierbei handelt es sich um ein neapolitanisches Gericht. Viele gute Zutaten aus der italienischen Küche gehören zur Füllung dieser pikanten Zucchini. Oft serviere ich das sommerliche und sehr bekömmliche Essen auch als Hauptspeise. Dazu gibt's dann Reis oder Kartoffelpüree.

- 2 große Zucchini
- ½ l Wasser
- Salz
- 2 kleine Zwiebeln
- 3 EL Olivenöl
- 250 g Schweinemett
- 150 g gek. Schinken
- 1 Bund Petersilie
- 1 Ei
- 50 g geriebener Parmesankäse
- weißer Pfeffer
- ½ Teelöffel geriebene, getrocknete Kerbelblätter
- 50 g Butter
- 4 EL Tomatenketchup
- 8 EL Sahne
- 1 Spritzer Tabascosauce

1 Zucchini waschen, längs halbieren und die Stängelansätze rausschneiden. Mit der Schnittfläche nach unten in das gesalzene kochende Wasser geben und 10 Minuten zugedeckt kochen lassen.

2 Zucchinihälften rausnehmen und abtropfen lassen. Mit einem Teelöffel das Fruchtfleisch zum Teil rausschaben und würfeln. In eine Schüssel geben.

3 Für die Füllung Zwiebeln schälen, fein hacken. Olivenöl erhitzen, Zwiebeln darin in 2 Minuten bei schwacher Hitze hellgelb dünsten. Schweinemett dazugeben und unter Rühren noch etwa 5 Minuten braten.

4 Schinken ganz fein würfeln. Petersilie hacken. Alles mit Ei und Käse in die Schüssel zum Fruchtfleisch geben. Gut mischen, mit Salz, Pfeffer und Kerbel würzen. In die Zucchini füllen. Eine feuerfeste Form (am besten eckig) fetten und Zucchini reinsetzen.

5 Tomatenketchup und Sahne verrühren. Mit Tabasco abschmecken. Über Zucchini gießen. Butter in Flöckchen darauf setzen. Im vorgeheizten Ofen auf mittlerer Schiene bei 200° ca. 20 Minuten backen.

15

Überbackene Auberginenröllchen

Auberginen sind bei mir inzwischen so beliebt, da sie sich auf ganz unterschiedliche und phantasievolle Weise zubereiten lassen. Diese recht außergewöhnliche Vorspeise schmeckt absolut köstlich. Außerdem hat sie darüber hinaus noch weitere Vorteile: sie läßt sich prima vorbereiten und selbst lauwarm sind die Röllchen eine wahre Delikatesse.

- 2 mittelgroße Auberginen
- 3–4 EL Olivenöl
- Salz, Pfeffer
- 250 g Mozzarella

- 1 Bund Basilikum
- 1 Dose Tomatenstückchen
- 100 g frisch geriebener Parmesan

1 Die Auberginen längs auf der Brot- oder Aufschnittmaschine in dicke, gut halbzentimeterstarke Scheiben schneiden.

2 In einer großen Pfanne das Öl erhitzen, die Scheiben nebeneinanderliegend im heißen Öl sanft auf beiden Seiten so lange braten, bis sie schön braun geworden sind und das Auberginenfleisch weich ist. Währenddessen mit Salz und Pfeffer würzen. Herausnehmen und auf Küchenkrepp abtropfen lassen.

3 Den Mozzarella in zentimetergroße Würfel schneiden. Die Basilikumblätter klein zupfen und damit vermischen. Ein Drittel der Tomatenstückchen mit dem Käse und Basilikum mischen, dabei mit Salz, Pfeffer und einigen Tropfen Olivenöl würzen.

4 Jeweils ein Häufchen dieser Käsemischung auf ein Ende der gebratenen Auberginenscheiben setzen, aufrollen und nebeneinander in eine flache feuerfeste Form setzen.

5 Die restlichen Tomatenstückchen darüber verteilen, den geriebenen Parmesan darüberstreuen und alles mit Olivenöl beträufeln. Im 220° vorgeheizten Ofen auf mittlerer Schiene ca. 15 Minuten backen. Dazu frisches Weißbrot reichen.

Mein Tipp: Auberginenröllchen passen auch wunderbar auf ein italienisches Anti-Pasti-Buffet.

16

Endiviensalat mit Knoblauchcroutons

Für das Dressing, und das gilt auch für alle anderen noch folgenden Salatrezepte, verwende ich nur sehr gutes Olivenöl und auch beim Kauf von Senf und Essig spare ich nicht. Und die feinste Salatsauce taugt nicht viel, wenn die Salatblätter nach dem Waschen nicht wirklich sorgfältig getrocknet werden. Ich schwöre hierbei auf meine Salatschleuder, die mir schon Superdienste erwiesen hat.

- 1 Endiviensalat
- Salz
- 3 Knoblauchzehen
- 1 EL Dijonsenf

- Pfeffer
- 1 EL Essig
- 5 EL sehr gutes Olivenöl
- Weißbrotscheiben

1 Salat klein schneiden und waschen. Gut abtropfen lassen.

2 Für die Sauce Salz auf einem Arbeitsbrett aufhäufen, den nur grob zerschnittenen Knoblauch darauf geben, mit einer stabilen Gabel zu einer Paste zerreiben. Erst jetzt mit Senf, Pfeffer, Essig und Öl zu einer cremigen Marinade verrühren.

3 Weißbrotscheiben entrinden und in Würfel schneiden. In mit viel Knoblauch gewürztem Öl knusprig braten und auf Küchenkrepp etwas abtropfen lassen.

4 Salat kurz vor dem Servieren in Marinade mengen und Knoblauchcroutons darüber geben.

Mein Tipp:
Nach Belieben gewürfelte hart gekochte Eier und Petersilie fein gehackt über den Salat streuen.

Hähnchenbrust in Sherry auf Feldsalat

Feldsalat ist ein typischer Wintersalat und hat Saison von Oktober bis April. Diese Zeit nutze ich immer. Der Feldsalat ist vielseitig verwendbar und braucht eine kräftige Vinaigrette. Er verträgt sich besonders gut mit Balsamicoessig, Knoblauch und gutem Olivenöl. Wenn diese Vorspeise auf den Tisch kommt, bleibt garantiert kein Blättchen auf dem Teller.

• 2 Hähnchenbrustfilets (à 150 g)	• Zitronensaft
• 100 ml Sojasauce	• 4 Lauchzwiebeln
• Sherry	• 3 EL sehr gutes Olivenöl
• 1 TL Mehl	• 1–2 EL Balsamicoessig
• 2 EL Öl	• 12 gehackte Knoblauchzehen
• 200 g Feldsalat	• Salz, frisch gemahlenen Pfeffer
• 150 g frische Champignons	• 1 Prise Zucker

1 Hähnchen waschen, trocken tupfen und in Würfel schneiden. In einer Marinade aus Sojasauce, 50 ml Sherry und Pfeffer 1 Stunde im Kühlschrank zugedeckt ziehen lassen.

2 Das Fleisch abtropfen lassen, mit Mehl bestäuben und in erhitztem Olivenöl ca. 10 Minuten anbraten. Kurz vor Ende der Garzeit mit 50 ml Sherry ablöschen.

3 Feldsalat waschen und trocken schleudern oder gut abtropfen lassen.

4 Die Champignons putzen und in feine Scheiben schneiden, dann mit etwas Zitronensaft beträufeln. Lauchzwiebeln putzen und in feine Ringe schneiden. Die Salatzutaten auf Tellern anrichten.

5 Aus dem restlichen Öl, Balsamicoessig, Knoblauch, Salz, Pfeffer und Zucker eine Salatsauce rühren und diese über den angerichteten Salat träufeln. Warme Hähnchenbrustwürfel darauf legen und servieren.

Mein Tipp:

Statt Hähnchenbrust kann man auch gewürfelte in Sojasauce eingelegte Schweinelende verwenden.

Feldsalat mit warmen Pilzen

Das ist eine meiner erfundenen Kombinationen, die ich guten Gewissens immer wieder auf den Tisch bringen kann. Zu dem Salat gibt's einen großen Korb mit frischem Weißbrot, damit auch jeder zum Schluss noch die köstliche Salatsauce tunken kann.

- 200 g Feldsalat
- 50 g Frühstücksspeck (Bacon)
- 150 g Champignons
- 20 g Butter

- 2 EL Apfelessig
- Salz, Pfeffer
- 1 Schalotte
- 4 EL Walnussöl

1 Den Feldsalat waschen und trocken schleudern oder gut abtropfen lassen..

2 Bacon in ganz feine Streifen schneiden, in einer Pfanne ohne Fett langsam knusprig braten und herausnehmen.

3 Die Pilze putzen und in feine Scheiben schneiden. Butter zum Speckfett geben, erhitzen und die Pilze darin andünsten.

4 Essig, Salz und Pfeffer verrühren, Schalotte fein hacken und zufügen. Öl darunter schlagen.

5 Vinaigrette und Feldsalat vermengen und auf Portionsteller verteilen. Pilze und Speckstreifen darauf anrichten.

Mein Tipp:
Wer keinen Apfelessig mag, kann natürlich auch Balsamicoessig verwenden.

Caesar's Salad

Vor vielen Jahren besuchte ich meine Tante in Chicago. Dort lernte ich den Caesar's Salad kennen, der mir bis heute noch in bester Erinnerung geblieben ist.
Die Menge reicht für 8–10 Esser.

- 4 große Knoblauchzehen
- 3 EL Worcestershiresauce
- 4 EL Zitronensaft
- 2 TL Salz
- 2 Eier
- 400 ml Öl
- 150 ml sehr gutes Olivenöl

- schwarzer Pfeffer
- 300 g Weißbrot in Scheiben
- 3 Köpfe Römersalat (oder Eisbergsalat)
- 75 g Parmesan (frisch gerieben)

1 Den Knobi pellen und mit Worcestershiresauce, Zitronensaft und Salz ca. 2 Minuten im Mixer pürieren. Die Eier zugeben und kurz durchquirlen. Bei laufendem Gerät 250 ml Öl und das Olivenöl langsam zugießen. Mit Pfeffer würzen und kalt stellen.

2 Das Weißbrot entrinden und in 1 cm große Würfel schneiden. Das restliche Öl in einer Pfanne erhitzen und die Weißbrotwürfel darin unter Wenden goldbraun braten. Mit einer Schaumkelle herausheben und auf Küchenpapier abtropfen lassen.

3 Salat putzen, waschen, trocken schleudern oder gut abtropfen lassen.

4 Den Salat direkt vor dem Servieren gut mit Dressing und Parmesan mischen. Die Croutons unterheben und alles evtl. noch mit Pfeffer würzen.

Mein Tipp:
Für die Zubereitung der Marinade müssen die Zutaten Zimmertemperatur haben, sonst kann die Mayonaise gerinnen.

Zucchinipuffer mit Knoblauch-Joghurt

Für die Zucchinipuffer verwende ich gerne ganz kleine Zucchini, denn dann bekommen die Puffer eine schöne grüne Farbe. Erst wenn alle Gäste schon da sind, begebe ich mich in die Küche und backe diese Gemüsepfannkuchen. Denn frisch sind sie am allerbesten.

- 500 g Zucchinipuffer
- 1 Zwiebel
- 2–3 Knoblauchzehen
- mehrere Stängel frische Minze
- 2 Eier
- 2 EL Mehl
- Salz, Pfeffer

- Öl zum Braten
- Für die Sauce:
- 2 Becher Joghurt
- 1 Knoblauchzehe
- 1 Bund Dill
- Zitronensaft
- Salz, Pfeffer, Paprika

1 Zucchini und Zwiebel fein raspeln, den Knoblauch durch die Presse dazudrücken. Etwas feingeschnittene Minze hinzufügen.

2 Die Eier und Mehl verquirlen, die vorbereiteten Zucchini untermischen. Mit Salz und Pfeffer würzen. In einer schweren Pfanne etwas Öl erhitzen, jeweils einen Löffel Pufferteig darin flachstreichen, die Puffer sollten höchstens handtellergroß sein. Auf beiden Seiten schön knusprig braten. Auf Küchenpapier abtupfen, bevor sie serviert werden.

3 Für die Sauce den Joghurt mit zerdrücktem Knoblauch, gehacktem Dill, Zitronensaft, Salz, Pfeffer und Paprika verrühren und kräftig abschmecken.

4 Die Zucchinipuffer auf warmen Tellern anrichten und etwas Knoblauch-Joghurt darüber geben. Mit einem Minzblatt verzieren, denn das Auge isst mit.

Mein Tipp:
Noch bunter werden die Puffer, wenn etwas frisch geraspelte Möhre unter den Teig gegeben wird.

La Salade Niçoise

Den „Nizza-Salat" habe ich in Südfrankreich kennengelernt.
Dort wird er sogar in den Bistros und Bäckereien zwischen zwei
Brotscheiben (natürlich Baguette) als kleiner Imbiss verkauft.
Das ist auch sehr lecker und deshalb unbedingt nachahmenswert.

- Gehäutete Tomatenachtel
- Dünne Paprikaringe
- Hauchfeine Zwiebelringe
- gekochte, zarte grüne Bohnen
- gekochte in Stücke geschnittene Kartoffeln
- gekochte Eier
- Thunfisch in Öl eingelegt

- kleine schwarze Oliven
- Scharfer Senf
- Balsamicoessig
- sehr gutes Olivenöl
- wer mag, eine kleine Knoblauchzehe
- Salz, Pfeffer

1 Hier habe ich absichtlich keine konkreten Mengen angegeben. Man sollte den Salat ganz nach Geschmack zubereiten, so machen es die Franzosen auch. Einfach mal ausprobieren – es funktioniert garantiert.

2 Die Vinaigrette wird je nach Salatmenge aus etwas scharfem Senf, Salz, Pfeffer, nur wenig Essig, etwas Knoblauch, aber reichlich Olivenöl aufgeschlagen.

Mein Tipp:
Wichtig ist, dass die Marinade erst kurz vor dem Servieren über den Salat gegossen wird.

Griechischer Bauernsalat (salata choriatiki)

Dieser Salat erinnert an Sonne, Strand und Meer. Mit einem frischen Stück Weißbrot und einem kühlen Glas Weißwein kommt bei uns richtig Urlaubsstimmung auf. Auf Rhodos waren wir im letzten Jahr mittags in einer kleinen Taverne. Dort habe ich Salata choriatiki gegessen, anschließend lobte ich das tolle Olivenöl. Der nette griechische Gastwirt schenkte mir daraufhin eine Flasche Olivenöl, das seine Mama selbst gepresst hatte. Eine größere Freude konnte er mir gar nicht machen. Schon aufgrund der unübertrefflichen Gastfreundschaft, ist Griechenland für uns immer wieder eine Reise wert.

• 4 Tomaten	• 1 grüne Paprika
• 1 kleine Gurke	• 2 EL Essig
• 1 Kopf Salat	• 3 EL Olivenöl
• 1 Zwiebel	• 150 g schwarze Oliven
• 200 g Feta Schafskäse	• Salz, evtl. etwas Pfeffer

1 Tomaten, Salat, Gurke und Paprika waschen. Tomaten und die Gurke in Scheiben schneiden.

2 Den Kopfsalat grob schneiden, waschen, trocken schleudern oder gut abtropfen lassen.

3 Zwiebel und Paprika in Ringe und Schafskäse in nicht zu kleine Würfel schneiden.

4 Alle Zutaten in eine Schüssel geben. Oliven, Salz, evtl. etwas Pfeffer, Essig und Öl zufügen und alles vermischen. Da kann ich nur sagen: Kali orexi!

Mein Tipp:

Noch würziger schmeckt der Salat mit eingelegtem Schafskäse und scharfen Peperoni

Meine Lieblingssuppen

Meine ganze Familie liebt Suppen. Gerade mein Papa läßt für einen guten Teller Suppe gerne so manch anderes Gericht stehen.

Wenn ich als Kind mal krank war, ordnete mein Papa sofort an, dass eine „gute Suppe" gekocht wird. „Die macht Dich wieder gesund", hieß es.

Meine Mama kocht heute noch eine wunderbar kräftige Rindsuppe, die im wahrsten Sinne des Wortes alle müden Lebensgeister weckt.

Optimal als Grundlage für eine gute Suppe ist natürlich eine selbst gekochte Rinder-, Gemüse-, oder Hühnerbrühe. Aber wenn es im Alltag schnell gehen muss – und das ist leider sehr oft der Fall –, nehme ich auch Suppenwürfel oder Instant-Klare-Brühe als Retter in der „Zeitnot" zur Hilfe, um ganz schnell ein leckeres Süppchen daraus zu kochen.

Wenn ich ein Schlemmermahl für meine Gäste zubereite, spielt Zeit keine Rolle mehr. Viele Stunden darf das Suppenfleisch samt Gemüse dann leise vor sich hinköcheln, bis eine schmackhafte Brühe daraus geworden ist.

Rinderbrühe mit Grießnocken

Da hätten wir also erst mal die ganz klassische Rinderbrühe. Die Rindsuppe meiner Mama ist um einiges schärfer und geht eher in die ungarische Richtung. Dies ist ein österreichisches Rezept. Die frischen Grießnocken mit Kräutern geben der Suppe den richtigen Pfiff. Ich bereite die Suppe immer am Vortag zu, da sich dann die Möglichkeit ergibt, die Suppe vor dem Servieren zu entfetten.

• 1 kg Rinderbrust und einige Fleischknochen	• 1 Zwiebel
• 1 Stück Sellerie	• 6–8 Petersilienstängel
• 3–4 Möhren	• 2 l Wasser
• 1 Lauchstange	• 1 TL weiße Pfefferkörner
• Petersilienwurzel	• 2–3 Lorbeerblätter
	• 1 gestrichener TL Salz

1 Fleisch und Knochen in einen großen Suppentopf geben, das geputzte Suppengrün nur grob zerkleinern. Ebenfalls in den Topf geben und Petersilie zufügen, mit Wasser auffüllen und die Gewürze einstreuen.

2 Ohne Deckel langsam zum Kochen bringen und so lange köcheln lassen, bis der oben gesammelte Schaum sich wieder gelegt hat, erst dann den Deckel auflegen. Die Suppe unterhalb des Siedepunktes leise ziehen lassen – etwa 3 Stunden lang.

3 Das Fleisch herausnehmen, von jeglichem Fett befreien. Das Fett ruhig zurück in die Suppe geben und noch 1 Stündchen köcheln lassen. Das Suppenfleisch in Würfel schneiden und beiseite stellen.

4 Die Brühe durch ein Sieb schütten und kalt werden lassen. Am nächsten Tag ist die Fettschicht an der Oberfläche fest geworden und läßt sich mühelos abnehmen.

5 Die Möhren schneide ich in Scheibchen und gebe sie mit dem gewürfelten Suppenfleisch in die heiß gemachte Suppe.

Auch die Grießnocken bereite ich immer einen Tag vorher zu. Man kann sie auch gut einfrieren, deshalb lohnt es sich, eine Extraportion auf Vorrat zu produzieren.

- 1/8 l Milch
- 40 g Butter
- Salz, Pfeffer aus der Mühle
- frisch geriebene Muskatnuss

- 50 g Grieß
- 1 Ei
- 2 EL gehackte Petersilie
- Schnittlauchröllchen

1 Die Milch mit der Butter aufkochen, salzen, pfeffern und großzügig mit Muskat würzen.

2 Den Grieß hineinstreuen und so lange rühren, bis sich ein Kloß bildet, der sich vom Topfboden löst. Etwas abkühlen lassen, dann ein Ei unterrühren und die gehackte Petersilie einarbeiten. Den Grießnockenteig für eine Stunde kalt stellen.

3 Schließlich mit 2 Teelöffeln Nocken abstechen und schön oval formen. In leise siedendem Salzwasser garen. Achtung, die Nocken verdoppeln dabei ihr Volumen.

4 In der Fleischbrühe, zusammen mit dem gewürfelten Fleisch und den Möhrenscheibchen sowie reichlich frischem Schnittlauch bestreut, servieren.

Mein Tipp:
Die Rinderbrühe ist auch sehr lecker mit frisch gebackenen Pfannkuchenstreifen oder mit hauchdünnen Suppennudeln.

Französische Kartoffelcremesuppe

Damit die Suppe schön sämig und sanft wird, verwende ich grundsätzlich mehlige Kartoffeln. Von der Suppe bereite ich immer eine größere Menge zu, da meine Gäste regelmäßig Nachschlag verlangen. Und sollte wirklich mal etwas übrig bleiben, opfert sich Alfred am nächsten Tag sehr gerne, um die Reste zu verputzen.

- 1 Zwiebel
- 3 EL Butter
- 5 mittelgroße mehlige Kartoffeln
- 1 Lauchstange
- 1 Möhre
- ¼ Sellerieknolle
- 1 l Fleischbrühe
- 1 Lorbeerblatt
- einige Petersiliestängel
- Salz, Pfeffer, Muskat
- 1/8 l süße Sahne

1 Die Zwiebel fein hacken. Kartoffeln schälen und in Würfel schneiden. Lauch in grobe Ringe schneiden. Möhre und Sellerie schälen und grob zerkleinern. Mit den Zwiebeln und Kartoffeln in zwei Eßlöffeln heißer Butter andünsten.

2 Mit Brühe auffüllen, das Lorbeerblatt zufügen, die von den Blättern befreiten Petersiliestängel dazu, danach salzen und pfeffern. Zugedeckt etwa 20 Minuten kochen.

3 Die weich gekochten Kartoffeln mit dem Pürierstab fein zerkleinern, dabei die Sahne zufügen. Die Suppe mit Salz, Pfeffer und Muskat abschmecken.

Mein Tipp:

Gut passen dazu in Butter geröstete, winzig kleine Weißbrotwürfelchen, die man ganz zum Schluss über die Suppe streut.

Gebrannte Grießsuppe

Alfred erzählte mir mal, dass er früher bei seiner Oma immer gerne gebrannte Grießmehlsuppe gegessen hat. Das war natürlich für mich Grund genug, auch mal ein solches Süppchen zu kochen. Ich habe es noch mit frischem Gemüse angereichert. Die Suppe schmeckt fantastisch und Alfred kann davon nie genug kriegen.

- 1 Bund Suppengrün
- 60 g Hartweizengrieß
- 30 g Butter
- 1 l Rinderbrühe

- 1 Bund glatte Petersilie
- 200 g Crème fraîche
- Salz, Pfeffer aus der Mühle
- Muskatnuss (frisch gerieben)

1 Das Suppengrün putzen, Möhren und Lauch in Scheiben, Sellerie in Würfel schneiden.

2 Die Butter in einem großen Topf zerlassen. Den Grieß in der heißen Butter vorsichtig anrösten.

3 Das Suppengrün zugeben und andünsten. Mit heißer Brühe auffüllen und zugedeckt 10 Minuten kochen lassen.

4 Die Petersilie hacken, Crème fraîche zur Suppe geben. Mit Salz, Pfeffer und Muskat kräftig würzen, Petersilie dazu streuen und servieren.

Mein Tipp:
Wird die Suppe ein zweites Mal erhitzt, gebe ich noch etwas heiße Brühe dazu, da sie sonst zu sämig ist.

Käse-Lauchcremesüppchen

Hier habe ich mich an dem Rezept des großen Küchenmeisters Paul Bocuse orientiert. Etwas mehr Lauch und dazu viel Schmelzkäse und fertig war meine ganz persönliche Lieblingssuppe.

- 2 Zwiebeln
- 3 Stangen Lauch
- 3 EL Butter
- 2 EL Mehl
- 1 l lauwarme Brühe

- 100–200 g Schmelzkäse
- Muskat, frisch gemahlener Pfeffer
- frisch gehackte Petersilie

1 Die Zwiebeln und den Lauch in Ringe schneiden und in heißer Butter andünsten.

2 Das Mehl darüber streuen, kurz anschwitzen, bis alles leicht braun wird.

3 Mit Muskat würzen und unter ständigem Rühren die lauwarme Brühe dazu geben. Aufkochen und etwa 20 Minuten köcheln lassen. Gelegentlich umrühren.

4 Käse würfeln und in heißer Suppe schmelzen lassen. Mit Muskat und Pfeffer abschmecken und die Petersilie untermischen.

Mein Tipp:
Wie zu den meisten Suppen reiche ich auch hierzu immer etwas frisches Ciabattabrot.

Alfred's Knoblauchsuppe

In meinem Lieblingsmusical „Tanz der Vampire" heißt der Assistent des Professors, der Jagd auf Vampire macht, zufällig auch Alfred. Die Geschichte endet tragisch, denn Alfred wird schließlich selbst zum Vampir. Hätte er regelmäßig nur mal meine Knoblauchsuppe gegessen ...

- 1 große Knoblauchknolle
- 150 g Zwiebeln
- 40 g Butter
- 2 Gläser Kalbsfond
- ½ l Schlagsahne

- 1–2 EL Weißweinessig
- Salz, weißer Pfeffer
- 2 Eigelb
- 80 g Parmesan grob gerieben
- 2 EL Schnittlauchröllchen

1 Die ungepellte Knoblauchknolle im vorgeheizten Ofen bei 200° auf mittlerer Einschubleiste 30 Minuten garen.

2 Die Zwiebeln fein würfeln, Butter in einem Topf schmelzen, Zwiebeln darin andünsten. Kalbsfond dazu und 20–25 Minuten leise sieden lassen.

3 Inzwischen die etwas abgekühlten Knoblauchzehen von der Knolle lösen und aus ihren Häuten drücken. Knoblauch in die Suppe geben und mit dem Schneidstab des Handrührers pürieren.

4 Die Sahne dazu geben und aufkochen lassen. Suppe mit Essig, Salz und Pfeffer abschmecken.

5 Die beiden Eigelb mit einer Tasse Suppe verquirlen, dann mit Schnee-besen unter die fast kochende Suppe schlagen, aber nicht mehr kochen lassen.

6 Die Suppe mit geriebenem Parmesan und Schnittlauchröllchen bestreuen und servieren.

Mein Tipp:
Die Suppe läßt sich mit einem kühlen Glas Weißwein wunderbar verdauen.

Tomatensuppe Adelheid

*Warum heißt meine Tomatensuppe ausgerechnet „Adelheid"?
Wenn ich ehrlich bin, habe ich keine Ahnung. Ich weiß nur eines,
sie schmeckt uns immer noch verdammt gut. Die Suppe bereite ich
mit geschälten Tomaten aus der Dose zu. Frische Tomaten sind
meistens vom Geschmack her nicht kräftig genug. Beim Kochen
gilt das Motto: je größer die Menge, desto besser die Suppe.*

- 1 Päckchen Tomaten-
  cremesuppe
- 1 Dose geschälte Tomaten
- 1 Päckchen Tomaten al Gusto
  mit Zwiebeln
- ca. 1 ½ Becher Sahne

- weißer Pfeffer, Paprika
  edelsüß,
- Salz, Knoblauch, Curry,
- 1 Prise Zucker
- Schnittlauch
- gekochter Reis

1 Die Tomatencremesuppe, wie auf der Packung angegeben, zubereiten.

2 Die geschälten Tomaten in einer Schüssel pürieren. Zusammen mit Tomaten al Gusto zur Suppe geben und etwas köcheln lassen.

3 Einen halben Becher Sahne dazu geben und kräftig mit den Gewürzen abschmecken.

4 Einen Becher Sahne steif schlagen und beiseite stellen.

5 In die Suppentassen etwas gekochten Reis füllen, die heiße Suppe darauf geben, jeweils mit einem dicken Sahnetupfer versehen und mit Schnittlauchröllchen bestreuen.

Mein Tipp:
Die Suppentassen heize ich im Backofen etwas vor, dann hat die Suppe bis zum letzten Löffel die richtige Temperatur.

Festliche Geflügelcremesuppe

Eine mild-würzige Suppe, die appetitanregend wirkt. Sie ist auch als Start – wie ihr Name schon sagt – für ein festliches Menü bestens geeignet. Für diese ganz besonderen Anlässe sollte man die Hühnerbrühe selbst kochen. Ein guter Ersatz ist aber auch der qualitativ sehr hochwertige Geflügelfond aus dem Glas, der mit der heißen Hühnerbrühe kombiniert wird.

- 250 g Hähnchenbrustfilet
- 2 EL Öl
- 3 Stangen Lauch
- 50 g Mehl
- ½ l Hühnerbrühe
- ½ l Geflügelfond aus dem Glas

- 1/8 l Schlagsahne
- Salz, Pfeffer aus der Mühle
- 1–2 TL Worcestershiresauce
- 1 EL Zitronensaft
- 1 Bund Basilikum

1 Das Hähnchenfilet in Würfel schneiden und im heißen Öl rundherum anbraten.

2 Den Lauch in Streifen schneiden, zum Fleisch geben und dünsten.

3 Das Mehl darüberstäuben, anschwitzen und mit Brühe und Fond auffüllen. Zugedeckt 10 Minuten garen lassen.

4 Die Sahne zugießen, mit Salz, Pfeffer, Worcestershiresauce und Zitronensaft kräftig würzen.

5 Das Basilikum hacken und vor dem Servieren in die Suppe geben.

Mein Tipp:

Suppe in vorgewärmte Teller geben und mit etwas frisch gemahlenem Pfeffer bestreuen, dann wird die Geflügelcreme noch würziger.

Echt ungarische Gulaschsuppe

Da mein Papa in Ungarn zur Welt kam, darf selbstverständlich die in seiner Heimat berühmte ungarische Gulaschsuppe nicht fehlen. Original heißt sie „Gulyásleves". Egal ob als Vorsuppe, Hauptmahlzeit oder als Mitternachtsimbiss – diese herzhafte Suppe kommt immer gut an.

- Etwa 12 Zwiebeln
- 500 g Rindfleisch aus dem Mittelbug
- 1 l heiße Fleischbrühe
- 100 g Butterschmalz
- 1 gestr. EL Paprikapulver (scharf)
- 2 gestr. EL Paprikapulver (edelsüß)

- 1 gestr. TL zerstoßener Kümmel
- ½ TL Majoran
- 1 gestr. TL Salz
- 2 Kartoffeln
- 2 grüne Paprikaschoten
- 1 Packung Tomatenstückchen
- ¼ TL Knoblauchsalz
- ½ Tasse Rotwein

1 Die Zwiebeln schälen und in Würfel schneiden. Das Fleisch in kleine Würfel schneiden und dabei alle Sehnen und Häutchen entfernen.

2 Das Butterschmalz im Topf zerlassen und die Zwiebeln darin goldbraun anbraten. Das Fleisch dazugeben und 5 Minuten unter ständigem Wenden im Fett rösten.

3 Das Paprikapulver, Majoran, Kümmel und Salz dazugeben, mit der Fleischbrühe auffüllen und alles 1 Stunde zugedeckt bei milder Hitze garen.

4 Die Kartoffeln schälen und in kleine Würfel, Paprika in Streifen schneiden. Nach 1 Stunde Kochzeit, die Kartoffeln, Paprika, Tomaten und Knoblauchsalz in die Suppe rühren und weitere 25 Minuten kochen lassen.

5 Die Suppe vom Herd nehmen und den Rotwein darunterrühren.

Mein Tipp:

Mit etwas gemahlener Chilischote oder ungarischer Paprikapaste abschmecken und die Suppe wird feurig scharf.

33

Broccolisuppe

Diese Suppe ist aromatisch und ziemlich sättigend, also ideal vor einem süßen Hauptgericht oder einem schönen Dessert.

- 500 g Broccoli (evtl. auch tiefgefroren)
- 2 Zwiebeln
- 30 g Butter
- ¾ l Brühe (Instant)

- 1/8 l Sahne
- 100 g Schmelzkäse
- 3–4 EL helle Mehlschwitze
- Salz, Pfeffer aus der Mühle
- Muskatnuss, frisch gerieben

1 Die Broccoliröschen von den Stielen schneiden. Stiele dünn schälen und in Scheiben schneiden.

2 Die Zwiebeln fein würfeln und in Butter glasig dünsten. Die Broccolistiele zugeben und ebenfalls glasig dünsten.

3 Die Brühe angießen und zugedeckt 15 Minuten garen. Sahne zugießen und alles klein pürieren. Käse darin schmelzen lassen. Die Mehlschwitze einstreuen und aufkochen.

4 Die Suppe mit Salz, Pfeffer und Muskat kräftig würzen. Röschen dazugeben und 5 Minuten darin garen. Schnittlauch in Röllchen schneiden und über die Suppe geben.

Mein Tipp:

Wer möchte, gibt noch einen Klecks Creme fraiche auf die Suppe.

Soupe à l'oignon

Leute, die behaupten, die französische Zwiebelsuppe sei „out", haben sie bestimmt schon lange nicht mehr gegessen. Für mein Rezept benötigt man feuerfeste Suppentassen, denn die Suppe wird vor dem Servieren mit Käse überbacken. Auch als Mitternachtssuppe ist sie ganz hervorragend geeignet.

- 800 g Gemüsezwiebeln
- 3 EL Butter
- ¾ l Fleischbrühe
- 1 EL Mehl
- 8 Scheiben Stangenweißbrot

- 1/8 l trockener Weißwein
- 100 g mittelalten Gouda, frisch gerieben
- Salz, Pfeffer

1 Die Zwiebeln schälen und in Ringe schneiden. Die Hälfte der Butter in einem großen Topf zerlassen und die Zwiebelringe unter ständigem Rühren darin glasig braten.

2 Das Mehl über die Zwiebeln stäuben und so lange unter Rühren mitbraten, bis es hellgelb geworden ist. Nach und nach die heiße Fleischbrühe dazugeben und zugedeckt 20 Minuten leicht kochen lassen.

3 Die Weißbrotscheiben in der restlichen Butter von beiden Seiten in einer Pfanne goldgelb braten.

4 Den Weißwein unter die Zwiebelsuppe rühren, evtl. mit etwas Salz und Pfeffer abschmecken. Die Suppe in vier Suppentassen verteilen.

5 Auf jede Suppenportion 2 Scheiben Weißbrot legen und darauf den geriebenen Käse streuen.

6 Die Suppen auf der obersten Schiene im vorgeheizten Backofen bei 250° etwa 20 Minuten überbacken, bis der Käse geschmolzen und leicht gebräunt ist.

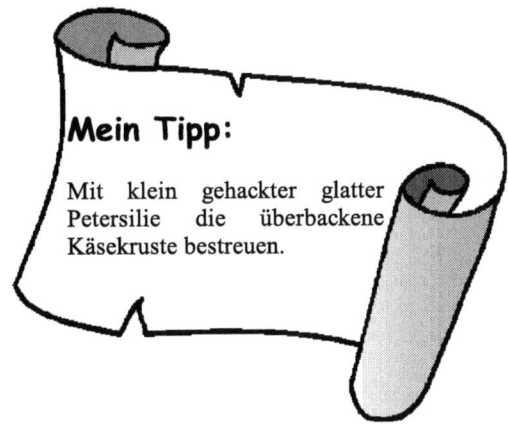

Mein Tipp:

Mit klein gehackter glatter Petersilie die überbackene Käsekruste bestreuen.

Frische Spargelcremesuppe

Diese Suppe wird mit weißem oder grünem Spargel zubereitet. Mit grünem Spargel schmeckt sie noch kräftiger und sie sieht außerdem noch dekorativer aus.

- 2 kg grüner Spargel
- 1 TL Salz
- ½ TL Zucker
- ½ l Gemüsebrühe
- weißer Pfeffer, frisch gemahlen

- 1 EL Speisestärke
- 1/8 l trockener Weißwein
- 200 g Crème fraîche
- 4 EL Dill, frisch gehackt

1 Den Spargel waschen abtrocknen und die Spargelspitzen etwa 6 cm lang abschneiden. Die unteren Spargelstücke dünn schälen und evtl. holzige Teile abschneiden.

2 Die geschälten Spargelstangen dann in 3 cm große Stücke schneiden und mit dem Salz, dem Zucker und der Gemüsebrühe zugedeckt 15 Minuten kochen lassen.

3 Die Spargelspitzen separat in kochendes Salzwasser geben und zugedeckt in 8 Minuten gar kochen.

4 Die Spargelstücke mit der Gemüsebrühe im Mixer pürieren. Die Spargelspitzen mit dem Kochsud unter die Spargelcremesuppe mischen und die Suppe mit Pfeffer und evtl. etwas Salz abschmecken.

5 Die Speisestärke mit dem Weißwein verrühren, in die Suppe geben, einmal aufkochen lassen und die Suppe vom Herd nehmen.

6 Die Crème fraîche dazugeben, verrühren und mit dem Dill bestreut servieren.

Mein Tipp:

Ein wahres Frühlingsessen wird daraus, wenn man danach als Hauptgericht neue Kartöffelchen, jungen Spargel in Sauce Hollandaise und zarte Kalbsschnitzelchen serviert.

Pasta, Pasta über alles

Wir lieben Nudeln in allen Variationen, und wenn es sein muss, zu jeder Tages- und Nachtzeit. Im Laufe der Jahre habe ich mir angewöhnt, bei der Zubereitung der Nudelgerichte einige goldene Regeln zu beachten.

■ *Nudeln müssen in sehr viel Wasser schwimmen, sonst kleben sie zusammen. Also habe ich mir einen Riesentopf angeschafft.*

■ *Kurz vor Ende der angegebenen Garzeit fange ich an, die Nudeln zu probieren. Ich hasse weiche Nudeln, nach meinem Geschmack müssen sie immer noch etwas „Biss" haben.*

■ *Sobald die Nudeln gar – die Italiener sagen: al dente – sind, bringe ich sie auf den Tisch, d. h. alles andere (Saucen etc.) muss bis dahin servierfertig sein.*

■ *Fertig geriebenen Parmesan aus Tüten mag ich genauso wenig wie labberige Nudeln. Deshalb kaufe ich Parmesan immer am Stück und reibe ihn (oder besser: ich lasse ihn reiben – denn Männer haben auch ihr Gutes) ebenfalls kurz vor dem Servieren. Wer einmal frisch geriebenen Parmesan probiert hat, läßt die Parmesantüten beim nächsten Mal freiwillig im Supermarkt stehen.*

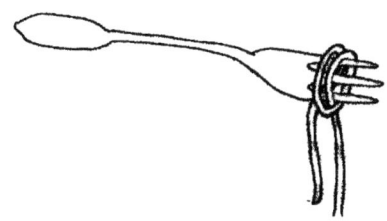

Spaghetti mit Tomatensauce

Die Tomatensauce ist der absolute Klassiker unter den Nudelsaucen. Die Sauce läßt sich auch sehr gut in großen Mengen auf Vorrat zubereiten und portionsweise einfrieren. Außerdem schmeckt die Sauce nicht nur zu Spaghetti, aber dazu möchte ich jetzt noch nicht mehr verraten ...

- 500 g Spaghetti
- 1 Zwiebel
- 4–5 Knoblauchzehen
- 2 EL Olivenöl
- 1 große Dose geschälte Tomaten
- 1 EL Tomatenmark
- 1 Thymianzweig

- 1 TL getrocknete Oreganoblätter
- einige Petersilien- oder Basilikumstängel
- 1 Stück Zitronenschale
- Salz, Pfeffer, evtl. etwas Zucker
- frisch geriebener Parmesan

1 Die Zwiebel und den Knoblauch würfeln und in einem flachen, weiten Topf im heißen Öl andünsten, ohne sie zu bräunen.

2 Die Tomaten mitsamt ihrem Saft, grob zerschnitten zufügen. Das Tomatenmark einrühren. Alle Gewürze in den Topf füllen.

3 Die Kräuterblätter von den Stielen zupfen und beiseite legen. Die Stiele und die Zitronenschale zum Auskochen in die Sauce geben, salzen und pfeffern.

4 Die Sauce ohne Deckel etwa 45 Minuten leise köcheln, bis sie angenehm dick eingekocht ist.

5 Durch ein Sieb passieren und noch einmal abschmecken, die klein geschnittenen Basilikumblättchen einrühren.

6 Die Spaghetti al dente kochen und die Nudeln in tiefen Tellern anrichten. Die Tomatensauce darauf geben und einige Tropfen Olivenöl darüber träufeln.

7 Viel frisch geriebenen Parmesan auf den gedeckten Tisch stellen, damit sich jeder Gast nach Herzenslust bedienen kann.

Spaghetti alla carbonara

Dieses Gericht essen wir am liebsten zuhause. In den italienischen Restaurants ist es meist zu trocken oder zu fade gewürzt. Ich habe solange experimentiert, bis ich die richtige Mischung gefunden habe. Eier, Sahne, Schafskäse und Parmesan ergeben eine cremige Masse und so werden die Spaghetti zu einem Gedicht. Unverzichtbar für die geschmackliche Abrundung ist die Pfeffermühle auf dem gedeckten Tisch.

- 400 g Spaghetti
- 150 g gekochten Schinken am Stück
- 1–2 Knoblauchzehen
- 2 EL Butterschmalz
- 3 Eier

- Salz, Pfeffer
- je 3 gehäufte EL geriebener Pecorino (Schafskäse) und Parmesankäse
- 1 Becher Sahne

1 Den Schinken mit Fett in kleine Würfel schneiden, den Knoblauch schälen, ganz lassen.

2 In einer großen Pfanne das Butterschmalz erhitzen, den Knobi so lange vorsichtig braten, bis er braun wird, dann herausnehmen. Jetzt die Schinkenwürfel darin langsam anbraten.

3 Die Eier gut verquirlen und mit Salz und Pfeffer (am besten frisch gemahlen) kräftig würzen.

4 In der Zwischenzeit die Spaghetti al dente kochen, abseihen und in die Pfanne mit dem Speck geben. Gut verrühren.

5 Dann die Eier und je 1 Esslöffel von dem Käse so lange mit den Spaghetti mischen, bis alle Nudeln mit einer gelben Creme überzogen sind. Zwischendurch immer etwas Sahne angießen.

6 Den restlichen Käse unterrühren und auf vorgewärmten Tellern anrichten.

Mein Tipp:

Ich bereite die Carbonara immer erst zu, wenn schon alle Gäste am Tisch sitzen. So landen die Spaghetti aus der Pfanne direkt auf dem Teller.

Olivetti-Auflauf

Das ist mein erstes selbst erfundenes Nudelgericht. Mit dem Namen ist eine kleine Geschichte verbunden. Als ich in der Commerzbank anfing, arbeitete ich die ersten 2 Jahre an einem Schreibautomaten der Firma Olivetti. Da es sich bei Olivetti um ein italienisches Unternehmen handelt und ich die für die damalige Zeit überaus fortschrittliche technische Einrichtung liebte, taufte ich das sahnige, mit viel Käse überbackene Gericht, damals kurzerhand Olivetti-Auflauf.

- 500 g Rigatoni
- 2 Becher Sahne
- 1 Zwiebel
- 1 kleine Knoblauchzehe
- 1 dicke Scheibe gek. Schinken

- 400 g Schmelzkäse
- Maggi-Würzmischung 2
- Salz, Pfeffer
- etwas Margarine
- mittelalten Gouda zum Reiben

1 Die Rigatoni in gesalzenem Wasser al dente kochen. Abschütten, kalt abbrausen und abtropfen lassen.

2 Zwei Becher Sahne in einen Topf geben und erhitzen, Schmelzkäse dazu geben und mit Schneebesen auflösen lassen. Die Sauce muss schön cremig sein.

3 Kräftig mit Maggi-Würzmischung 2, Salz und Pfeffer würzen.

4 Zwiebel und Knoblauch fein hacken und in etwas Margarine andünsten. Gekochten Schinken in Würfel schneiden und mitbraten.

5 Die Rigatoni mit der Sauce und dem Schinken vermengen und in eine ge-

fettete höhere Auflaufform geben.

6 Dick mit geriebenem Gouda bestreuen und im vorgeheizten Ofen bei ca. 200° etwa 20 Minuten überbacken lassen, bis der Auflauf goldbraun ist.

Mein Tipp:

Dazu gibt es bei uns oft einen frischen knackigen Salat in einer Öl-/Essigvinaigrette.

Spaghetti in Champignonsauce

Die Champignonsauce ist auch zu dünnen Bandnudeln serviert (grün und weiß) eine Delikatesse. Bei der Zubereitung gilt: nie Pilze aus der Dose verwenden, sondern immer auf frische Ware zurückgreifen.

• 1 Beutel getrocknete Steinpilze (5 g)	• frisch geriebene Muskatnuss
• ¼ l Brühe (Instant)	• 500 g Spaghetti
• 1 kg Champignons	• 2 EL helles Saucenbindemittel
• 2 EL Olivenöl	• 1 Ei
• Salz, Pfeffer aus der Mühle	• 150 g Crème fraîche
	• frisch geriebener Parmesan

1 Die Steinpilze kalt abspülen und in der heißen Brühe einweichen.

2 Die Champignons putzen, falls nötig waschen und je nach Größe halbieren oder vierteln.

3 Das Öl erhitzen, die Champignons darin kräftig anbraten, bis alle Flüssigkeit verdampft ist. Mit Salz und Pfeffer würzen.

4 Die Brühe mit den Steinpilzen zugießen. Die Pilzsauce aufkochen und mit Saucenbindemittel binden.

5 Das Ei mit Crème fraîche verrühren und in die Sauce geben, nicht mehr kochen lassen. Mit Salz, Pfeffer und Muskat abschmecken.

6 Die Spaghetti al dente kochen und sofort mit der Champignonsauce und frisch geriebenem Parmesan servieren.

Mein Tipp:

Absolut unübertrefflich wird das Sößchen wenn man statt der Champignons frische Steinpilze verwendet.

Spaghetti Don Alfredo

Dieses Gericht habe ich meinem Mann gewidmet. Ich gebe zu, es ist nicht gerade von der kalorienarmsten Sorte – aber die pikante Verbindung von Hackfleisch, Tomaten, Frischkäse und Knoblauch läßt Männerherzen höher schlagen. Und bekannterweise geht ja die Liebe durch den Magen ...

- 500 g Spaghetti
- 500 g Schweinemett
- 2–3 EL Olivenöl
- 1–2 Zwiebeln
- 3–4 Knoblauchzehen
- 1 Dose Tomaten
- 1 Päckchen Tomatenstücke
- Salz, Pfeffer, Paprika scharf

- evtl. etwas Cayennepfeffer
- 1–2 EL getrocknete Kräuter der Provence
- 1 Becher Schmand
- 1 Becher Crème fraîche
- 150 g Frischkäse
- frisch gehackte Petersilie
- frisch geriebener Parmesan

1 Das Olivenöl erhitzen, darin das Schweinemett unter Rühren anrösten, bis es leicht bräunlich und krümelig ist.

2 Die Zwiebeln und die Knoblauchzehen klein hacken, dazu geben und weiter braten.

3 Die Tomaten in einer Schüssel pürieren und zusammen mit den Tomatenstückchen zum Hackfleisch geben. Ca. 15–20 Minuten köcheln lassen.

4 Den Schmand, die Crème fraîche und den Frischkäse nach und nach unterrühren und sehr herzhaft mit den Gewürzen und den Kräutern der Provence abschmecken.

5 Zum Schluss frisch gehackte Petersilie dazu geben. Die Spaghetti kochen und mit der Sauce servieren. Auch hierzu passt jede Menge frisch geriebener Parmesan.

Mein Tipp:

Hierzu passt ein kühler Roséwein.

Nudelauflauf mit Spiegeleiern

*Diese außergewöhnliche Kombination ist ein wahrer Gaumen-
und Augenschmaus. Das Tüpfelchen auf dem „i" bzw. auf dem
Auflauf: die knusprig gebratenen Spiegeleier. Da soll noch einer
behaupten: Nudeln machen nicht glücklich ...*

• 3 Knoblauchzehen • 3 EL Butter • 1 Dose Tomaten • 1 Päckchen Tomatenstücke • Salz, Pfeffer, ½ TL Majoran • 500 g Spaghetti	• 200 g gek. Schinken • 1 Bund Schnittlauch • 8–10 EL frisch geriebener mittelalter Gouda • ¼ l Sahne • 4 Eier

1 Zwei Knoblauchzehen fein hacken. In einer Pfanne 1 EL Butter erhitzen, den Knoblauch leicht anbraten, dann die Tomaten aus der Dose dazugeben und mit einer Gabel zerdrücken.

2 Die Tomatenstückchen hinzufügen. Kräftig mit Salz, Pfeffer und Majoran würzen und bei guter Hitze eindicken lassen.

3 Inzwischen die Nudeln knapp „al dente" kochen.

4 Den Schinken in kleine Würfel, den Schnittlauch in Röllchen schneiden.

5 Die Nudeln auf ein Sieb schütten und mit kaltem Wasser abbrausen und abtropfen lassen.

6 Eine Gratinform gut mit Butter ausstreichen und 1 Knoblauchzehe dazupressen und verreiben.

7 Die Hälfte der Nudeln einfüllen, etwas Tomatensauce daraufgeben, mit der Hälfte des Schinkens und 3 EL Käse bestreuen. Die restlichen Nudeln darauf schichten mit Tomatensauce und Schinkenwürfel bedecken. Dann mit Sahne begießen. Nochmals mit Käse bestreuen und die restliche Butter in Flöckchen daraufsetzen.

8 Im vorgeheizten Ofen bei ca. 200° in 20 Minuten überbacken.

9 Vor dem Servieren 4 Spiegeleier in einer Pfanne mit etwas Fett schön kross backen, auf den Auflauf geben und mit dem Schnittlauch bestreuen.

Spinatlasagne ver.di

*Dieses Gericht habe ich nicht dem großen Komponisten, sondern meiner neuen **Vereinten Dienstleistungsgewerkschaft** gewidmet. Als überzeugte Gewerkschafterin und Betriebsrätin habe ich versucht, ver.di mit diesem Rezept noch sympathischer zu machen. Mit dieser Variante von ver.di kann auch schnell Solidarität unter Nichtgewerkschaftsmitgliedern hergestellt werden: die Solidarität der Genießer!*

- 1 Packung Lasagneplatten (vorgekocht), es werden 18 Stück benötigt!
- Salz, weißer Pfeffer
- Maggi-Würzmischung 2
- 900 g tiefgekühlter Blattspinat
- 1 Würfel Schmelzkäse
- 2 Zwiebeln
- 2 Knoblauchzehen

- 100 g geräucherter durchwachsener Speck
- 10 Eier
- ½ l Milch
- 30 g Butter
- 1 EL Mehl
- geriebene Muskatnuss
- 250 g geriebener Parmesan

1 Den Spinat in 200 ml Wasser bei starker Hitze auftauen. Gut abtropfen lassen. Zwiebeln und Knoblauch klein hacken. Den Speck würfeln und in einer Pfanne ausbraten. Zwiebeln, Knoblauch und Spinat kurz mitdünsten, dann mit Salz, weißem Pfeffer und Maggi-Würzmischung 2 abschmecken. Die Eier und ¼ l Milch verquirlen. Mit Salz und Pfeffer würzen.

2 Sechs Nudelplatten in eine gefettete Auflaufform legen. Die Hälfte des Spinats darauf verteilen, mit der Hälfte der Eiermilch übergießen. Etwas Parmesan darüber streuen. Wieder sechs Nudelplatten darauf legen und die andere Hälfte des Spinats und der Eiermilch sowie Parmesan darüber gießen. Noch die letzte Schicht Nudeln darauf geben.

3 Butter erhitzen, Mehl darin vorsichtig anschwitzen. Mit der restlichen Milch ablöschen. Kurz aufkochen lassen und mit Salz, Pfeffer und Muskat abschmecken. Die Bechamelsauce auf die Nudeln verteilen. Dick mit Parmesan bestreuen und im vorgeheizten Ofen auf mittlerer Schiene bei 200° ca. 45 Minuten backen.

Cannelloni-Pastete

*Für dieses Rezept braucht man schon etwas mehr Zeit. Die
Zubereitung ist aber gar nicht schwierig und die Pastete
hinterlässt garantiert einen bleibenden Eindruck bei den Gästen.*

Für 6 Personen:

Für die Sauce:

- 50 g Butter
- 50 g Mehl
- ¾ l Milch
- 1/8 l Sahne
- Salz, Muskat und Pfeffer

Für die Spinatfüllung:

- 1 kg Blattspinat
- 1 EL Butter
- 1 EL Mehl
- 3 EL Sahne
- 1 Ei
- 100 g Mozzarella
- 50 g Ricotta
- 2–3 EL geriebener Parmesan

- 40 g gehackte Pinienkerne
- 2 EL Semmelbrösel
- Salz, Pfeffer, Muskat
- 2 Zweige Oregano

Für die Fleischfüllung:

- 50 g durchwachsener Räucherspeck
- 500 g Schweinemett
- 2 Knoblauchzehen
- 3 EL Olivenöl
- 2 Eier
- 2–3 EL geriebener Parmesan
- 1–2 EL Tomatenmark
- Salz, Pfeffer, Paprika edelsüß
- ½ Bund gemischte Kräuter gehackt

Außerdem:

- je 10 vorgekochte helle und grüne Cannelloni
- Butter
- 100 g geriebener Parmesan
- 50 g Mozzarella

1 Für die Sauce Butter erhitzen, Mehl darin vorsichtig anschwitzen, Milch und Gewürze dazugeben, kurz aufkochen, dann abkühlen lassen.

2 Für die Spinatfüllung den Spinat putzen, in Salzwasser blanchieren, ausdrücken und hacken. In Butter dünsten mit Mehl bestäuben und mit Sahne aufkochen. Abgekühlt mit Ei, gewürfeltem Mozzarella und Ricotta, Parmesan, Pinienkernen, Bröseln und gehacktem Oregano verrühren und würzen.

3 Für die Fleischfüllung gewürfelten Speck mit Hack und zerdrücktem Knoblauch in Öl anbraten. Abgekühlt die restlichen Zutaten zufügen, würzen.

4 In die grünen Cannelloni die Hackfleischmasse, in die hellen Cannelloni die Spinatmasse füllen.

5 Etwas Sauce in eine gefettete Form gießen und abwechselnd die Cannelloni einschichten. Jeweils mit etwas Sauce und Parmesan bedecken.

6 Restliche Sauce mit Mozzarellawürfeln darübergießen und mit Parmesan und Butterflöckchen bestreuen. Im vorgeheizten Ofen bei ca. 200° etwa 30 – 45 Minuten backen.

Mein Tipp:

Sollte die Käseschicht zu braun werden, den Auflauf mit etwas Backpapier oder Alufolie bedecken.

Tagliatelle in Gorgonzolasauce mit Spinat

Wer bis heute noch nicht dünne Bandnudeln mit Spinat probiert hat, sollte dies aber schnellstens unbedingt nachholen.

- 1 kg Blattspinat
- 650 ml Gemüsebrühe
- 400 g Tagliatelle
- Salz
- 100 g Gorgonzola

- 100 g Frischkäse
- Pfeffer
- Muskatnuss, frisch gerieben
- 40 g gehackte Walnusskerne
- 100 g Parmesan, frisch gerieben

1 Den Spinat putzen, waschen, tropfnass in 250 ml Gemüsebrühe ca. 6 Minuten garen. In ein Sieb schütten, mit kaltem Wasser abschrecken, gut ausdrücken.

2 Die restliche Gemüsebrühe aufkochen, Gorgonzola und Frischkäse darin mit dem Schneidstab des Mixers oder mit dem Pürierstab fein pürieren.

3 Die Sauce 10–12 Minuten dicklich einkochen lassen. Mit Salz, Pfeffer und Muskat kräftig würzen. Spinat unterrühren.

4 Die Nudeln al dente kochen und unter die Spinatmasse heben. Einmal ganz kurz aufkochen lassen. Mit Walnüssen und Parmesan bestreut servieren.

Mein Tipp:

Für die Sauce kann man auch Tiefkühlspinat verwenden. Diesen zunächst in etwas Wasser auftauen und gut ausdrücken.

Nudelauflauf „reiche Art"

Dieser Auflauf hat es im wahrsten Sinne des Wortes in sich. Wenn davon Reste übrig bleiben, überhaupt kein Problem. Meine Männer freuen sich bei der nächsten Mahlzeit darauf, den Auflauf nochmals essen zu dürfen. Von diesem Gericht werden 6 gute Esser satt.

- 100 g Spaghetti
- 100 g Bandnudeln
- 150 g gefüllte Teigtaschen (Ravioli oder Tortellini)
- 150 g gek. Schinken am Stück
- 2 Zwiebeln
- 2–3 Knoblauchzehen
- 80 g Butter
- 150 g frische Champignons
- 150 g tiefgekühlte Erbsen
- 1 Päckchen Tomatenstückchen
- 1/8 l heiße Fleischbrühe
- frisch gemahlener Pfeffer
- Paprika edelsüß
- 1 Bund gemischte Kräuter
- 100 g geriebener mittelalter Gouda
- 100 g geriebener Parmesan
- 4 Eier
- ¼ l Sahne
- geriebene Muskatnuss

1 Die Nudeln jeweils knapp „al dente" kochen, kalt abschrecken und gut abtropfen lassen. Den Schinken und die Zwiebeln würfeln, Knoblauch schälen und ebenfalls klein würfeln.

2 Etwa die Hälfte der Butter erhitzen und Schinken samt Zwiebelwürfeln darin bei sanfter Hitze glasig braten. Den Knoblauch und die in Scheiben geschnittenen Champignons zufügen und die unaufgetauten Erbsen daruntermischen. Mit der heißen Fleischbrühe begießen und alles kurz aufkochen lassen. Dabei mit Salz, Pfeffer und Paprika würzen.

3 Die Kräuter abspülen und fein hacken, zusammen mit den Tomatenwürfelchen unter die Gemüsemischung geben. Eine feuerfeste Form mit Butter einfetten und abwechselnd Nudeln, Gemüsemischung und etwas von beiden Käsesorten hineinschichten.

4 Die Eier mit der Sahne sehr schaumig schlagen und mit Salz, Pfeffer und Muskat würzen. Über den Auflauf gießen und diesen mit der restlichen, in Flöckchen geteilten, Butter bestreuen. Im vorgeheizten Backofen bei ca. 200° 30–35 Minuten backen.

Gemüse als Hauptgericht und Beilage

Die Kartoffel spielt seit jeher in unserer Familie die absolute Hauptrolle.

Kein Wunder: schließlich betreiben meine Eltern einen Kartoffelhandel.
Bei uns gibt es also immer nur die allerbeste Qualität und nicht selten ist speziell die „tolle Knolle" Hauptthema bei uns am Mittagstisch.

Die Kartoffel ist vielseitig und sehr gesund. Ich kann Euch also nur raten: Leute, esst mehr Kartoffeln! (... meine Eltern werden es Euch danken ...)

Aber auch andere Gemüsegerichte sind in unserer Familie sehr beliebt, besonders die südländischen Sorten haben in meiner Rezeptsammlung einen festen Platz gefunden.

Spanisches Kartoffelomelett (Tortilla)

Es wäre eine Schande, wenn man aus der Kartoffel nur Pell- und Salzkartoffeln zubereiten würde. Ganz wunderbar, schmeckt sie nämlich auch als „spanisches Omelett" gebraten. Ich serviere es auch gerne als Hauptgericht mit einem knackigen Blattsalat.

- 1 kg festkochende Kartoffeln
- 250 g Zwiebeln
- 2–3 Knoblauchzehen
- 6 EL Olivenöl

- Salz, schwarzer Pfeffer
- 5 Eier
- 5 EL Schlagsahne
- 1 kleiner Bund glatte Petersilie

1 Kartoffeln schälen, waschen und in ca. ½ cm dicke Scheiben schneiden. Zwiebeln und Knobi schälen und fein hacken.

2 Vier Esslöffel Öl in einer großen Pfanne erhitzen. Die Kartoffelscheiben darin portionsweise knusprig braun anbraten. Wenn das geschehen ist – man braucht dazu etwas Geduld – wieder alle Kartoffeln in die Pfanne geben und bei mittlerer Hitze ca. 10 Minuten weiterbraten.

3 Die Zwiebeln und die Knoblauchwürfel nach 5 Minuten zugeben und mitbraten. Mit Salz und Pfeffer würzen.

4 Die Eier und die Sahne verquirlen und mit Salz und Pfeffer würzen.

5 Die Eiersahne über die Kartoffeln gießen. Zugedeckt bei ganz milder Hitze ca. 15–20 Minuten stocken lassen, damit nichts anbrennt. Dabei ab und zu die Pfanne rütteln, der Pfannkuchen darf

sich am Boden nicht ansetzen. Inzwischen Petersilie waschen und fein hacken.

6 Kartoffel-Omelett vorsichtig auf eine runde Platte stürzen.

7 Übriges Öl in der Pfanne erhitzen. Das Omelett nun mit der gebräunten Seite nach oben wieder vorsichtig in die Pfanne gleiten lassen und ca. 4 Minuten braten. Auf einer Platte anrichten und mit Petersilie bestreuen.

Mein Tipp:

Die Spanier stellen die Tortilla lauwarm oder sogar auch kalt auf das Vorspeisenbuffet. Das ist durchaus nachahmenswert.

Kartoffelgratin auf französische Art

Allein schon der Anblick des Gratins mit seiner goldgelben Schicht aus geschmolzenem Käse und der herrliche Duft sind es wert, dieses Gericht auf den Tisch zu bringen. Ganz schnell wird aus dieser leckeren Beilage ein Hauptgericht, wenn ich es mit Schinken, Blattspinat oder Hackfleisch anreichere.

- 5–6 größere Salatkartoffeln (festkochend!)
- ¼ l Milch
- 1/8 l Sahne
- 2 Eier

- 200 g geriebenen mittelalten Gouda
- Butter
- Knoblauch
- Muskat, Salz und Pfeffer

1 Die Kartoffeln schälen und auf einem Gemüsehobel in sehr dünne Scheiben schneiden. Sofort weiter verarbeiten, sonst werden die Kartoffeln braun und unansehnlich.

2 Eine flache, feuerfeste Auflaufform großzügig ausbuttern und 2 Knoblauchzehen durchpressen und die Form damit ausreiben.

3 Eine Schicht Kartoffelscheiben einlegen. Mit Salz, Pfeffer und Muskat würzen und mit etwas geriebenem Käse bestreuen. Darauf eine zweite Schicht Kartoffeln legen, wieder würzen und mit Käse bestreuen, mit einer dritten Schicht ebenso verfahren. Auf diese Schicht wird der Käse dick gestreut.

4 Die Milch, die Sahne und Eier gut verquirlen, ebenfalls mit Salz, Pfeffer und Muskat würzen und über die Kartoffeln gießen.

5 Den Gratin in dichtem Abstand mit Butterflöckchen besetzen und im vorgeheizten Ofen bei 180° garen lassen. Nach ungefähr 30 Minuten wird die Oberfläche braun, dann mit Alufolie abdecken und noch weitere 20–30 Minuten backen lassen.

Mein Tipp:

Das Gratin ist ein ideales Beigericht zu solchen Köstlichkeiten wie Lammkeule, zu jeder Art von Schmorbraten oder zu einem knusprig gegrillten Partyschinken.

Kartoffel-Lauch-Gratin

Auch dieses wunderbare Kartoffelrezept möchte ich nicht vorenthalten. Das Gelingen hängt hauptsächlich nur vom Würzen ab. Kartoffelgratins müssen immer kräftig gesalzen werden – erst dann kommt der Geschmack richtig zur Geltung.
Von der Menge werden ca. 8–10 Personen satt.

- 3 kg festkochende Kartoffeln
- 3–4 Becher Sahne
- 3–4 Stangen Lauch
- 4–5 Knoblauchzehen

- reichlich frischen Thymian
- Salz, Pfeffer und frisch geriebene Muskatnuss

1 Die Kartoffeln schälen und mit dem Messer in dünne Scheiben schneiden, in eine Schüssel geben. Sofort mit Sahne aufgießen.

2 Den Lauch in Streifen schneiden, zu den Kartoffeln geben.

3 Den frischen Thymian von den Stielen zupfen und die Thymianblättchen ebenfalls zufügen. Dann noch den Knoblauch dazu pressen. Schön kräftig mit Salz, Pfeffer und Muskatnuss würzen.

Mein Tipp:

Zu Gratins trinken wir immer Rosé- oder Rotwein.

4 Alles gut vermengen und in eine gefettete Auflaufform geben.

5 Im vorgeheizten Backofen auf mittlerer Schiene bei ca. 150° 1–1,5 Stunden backen lassen. Die Kartoffeln evtl. die letzte halbe Stunde mit Folie abdecken.

Zucchini mit Tomatensauce

Eine wunderbare Beilage zu kurz gebratenem oder gegrilltem Fleisch. Das Schöne ist, man kann die Zucchini sogar kalt servieren. Auch als Vorspeise standen die Zucchini schon bei mir auf dem Buffet.

- 750 g Zucchini
- 500 g Tomaten aus der Dose
- 2 Schalotten

- 1 Bund Dill
- 3 EL sehr gutes Olivenöl
- Salz, Pfeffer

1 Die Zucchini waschen und abtrocknen, die Stielenden entfernen, die Früchte der Länge nach vierteln. Lange Zucchini auch noch quer halbieren.

2 Die Tomaten aus der Dose zerdrücken. Die Schalotten klein würfeln. Dill waschen, trocknen und fein schneiden.

3 Das Olivenöl bei mittlerer Hitze in einem breiten Topf erhitzen, die Schalottenwürfel darin glasig dünsten.

4 Die Tomaten, gehackten Dill, Salz und Pfeffer zugeben und zugedeckt 10 Minuten köcheln lassen.

5 Die Zucchini zugeben und sachte mit einem Holzlöffel umrühren. 20 Minuten bei kleiner Hitze schmoren, bis die Zucchini weich sind und die Sauce dick gekocht ist. Während des Schmorens nicht durchrühren, sondern den Topf nur gelegentlich etwas schütteln.

Mein Tipp:

Beim Einkauf suche ich mir immer ganz kleine Zucchini aus, denn die schmecken besonders gut.

Überbackener Blumenkohl in Tomatensauce

Der Blumenkohl wird unzerteilt auf den Tisch gebracht. Er sieht nicht nur sehr dekorativ aus, sondern schmeckt auch super-lecker.

- 1 Blumenkohl
- Salz
- 500 g Schweinemett
- 1 Zwiebel
- 1 Päckchen passierte Tomaten
- 75 g Tomatenmark

- Pfeffer aus der Mühle
- frisch geriebene Muskatnuss
- Zucker, Oregano
- 1–2 EL Crème fraîche
- 250 g jungen Gouda
- 1 Karton Kresse

1 Den Blumenkohl putzen, waschen und in kochendem Salzwasser 15–20 Minuten garen, abtropfen lassen.

2 Das Hackfleisch braten bis es krümelig ist. Zwiebeln würfeln und in dem Hack glasig werden lassen. Passierte Tomaten und Tomatenmark dazugeben und etwa 5 Minuten köcheln lassen.

3 Mit Salz, Pfeffer, Muskatnuss, Zucker und Oregano abschmecken und die Crème fraîche unterrühren.

4 Die Hackfleischsauce in eine gefettete Auflaufform geben. Blumenkohl daraufsetzen. Käsescheiben darauflegen. Im vorgeheizten Ofen bei 250° 5 Minuten überbacken. Mit Kresse bestreut servieren.

Mein Tipp:

Dazu schmeckt selbst gemachtes Kartoffelpüree oder frisches Weißbrot.

54

Lauchstangen mit Parmesan

Für dieses Gericht empfehle ich, nur jungen Lauch zu verwenden. Die grünen Blätter werden hierbei ganz entfernt. Der Lauch schmeckt toll zu Kalbsschnitzeln und neuen, kleinen in Petersilie und Butter geschwenkten Kartoffeln.

- 1 kg Lauch
- 30 g Butter
- Salz, Pfeffer aus der Mühle

- frisch geriebene Muskatnuss
- 50 g Parmesan

1 Den Lauch putzen, gründlich waschen und in ca. 8 cm lange Stücke schneiden.

2 Die Butter in Topf schmelzen lassen, den Lauch tropfnass hineingeben, andünsten und zugedeckt bei milder Hitze etwa 15 Minuten garen.

3 Mit Salz, Pfeffer und Muskat herzhaft würzen und mit geriebenem Parmesan bestreut servieren.

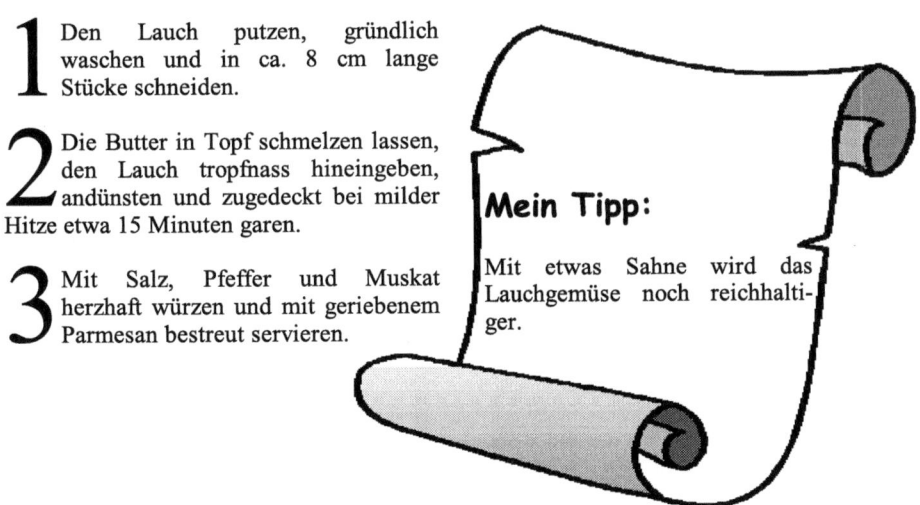

Mein Tipp:

Mit etwas Sahne wird das Lauchgemüse noch reichhaltiger.

Ratatouille

Dieser bunte Gemüsetopf kommt, wie kann es auch anders sein, aus Frankreich. Hiervon kann man ruhig die doppelte Menge machen, denn am nächsten Tag schmeckt er aufgewärmt fast noch besser.

- 3 mittelgroße Auberginen
- 1 Dose Tomaten
- 3 Zucchini
- 3 Paprikaschoten
- 100 ml bestes Olivenöl
- Salz, Pfeffer

- 2–3 Knoblauchzehen
- 1 Sträußchen mit verschiedenen getrockneten Kräutern (zusammengebunden)
- etwa 100 ml kaltes Wasser

1 Die Auberginen in kochend heißes Wasser tauchen, häuten und in Würfel schneiden.

2 Die Zucchini in grobe Scheiben schneiden. Die Paprika entkernen und in mundgerechte Stücke schneiden.

3 Das Gemüse in einen schweren Schmortopf geben und das Olivenöl angießen. Salzen und pfeffern.

4 Die Knoblauchzehen in das Gemüse pressen. Das Kräutersträußchen hineingeben.

5 Das kalte Wasser angießen. Den Deckel schließen und das Gericht zum Kochen bringen. Dann die Hitze reduzieren und die Ratatouille auf kleiner Flamme 1½ Stunden köcheln lassen.

6 Das Kräutersträußchen herausnehmen, mit Salz und Pfeffer abschmecken und servieren.

Mein Tipp:

Ratatouille schmeckt köstlich zu Gegrilltem, zu Rinderschmorbraten und ganz besonders zu Lammfleisch.

56

Blattspinat nach Art des Hauses

Nicht immer hat man die Möglichkeit, frischen Spinat zu kaufen. Das macht aber nichts, denn auch der Blattspinat aus der Tiefkühltruhe ist inzwischen qualitativ sehr hochwertig. Außerdem ist er viel schneller zubereitet.

• 1 Packung Blattspinat aus der Tiefkühltruhe
• 1 Zwiebel
• 2 Knoblauchzehen
• 1 EL Butter
• ¼ l Milch

• 200 g Sahneschmelzkäse
• 1–2 TL Fleischbrühenpulver (Instant)
• Maggi-Würzmischung 2
• Salz, Pfeffer, frisch geriebene Muskatnuss

1 Einen Esslöffel Butter im Topf schmelzen lassen. Die Zwiebel und die Knoblauchzehen klein hacken und glasig dünsten.

2 Die Milch aufgießen und Fleischbrühenpulver darin auflösen.

3 Den unaufgetauten Spinat hineingeben und bei geschlossenem Topf langsam köcheln lassen bis er aufgetaut ist.

4 Den Schmelzkäse in Würfel schneiden und zu dem Spinat geben, mit dem Schneebesen gut verrühren bis der Käse aufgelöst ist.

5 Den Spinat kräftig würzen und servieren.

Mein Tipp:

Der Spinat passt ausgezeichnet zu in Kräuterbutter gebratenem Lachsfilet sowie zu allen anderen Fischgerichten.

Zwiebel-Risotto

Ohne Zwiebeln wären so manche Rezepte einfach langweilig. Bei diesem Gericht ist die Zwiebel nicht nur ein Gewürz – hier spielt sie sogar die Hauptrolle. Das Risotto ist eine ganz außergewöhnliche Beilage zu kurz gebratenem Fleisch.

- 2 Gemüsezwiebeln
- 50 g Butter
- 200 g Langkornreis
- ½ l klare Brühe

- 1 Dose Tomaten
- 1 Bund Schnittlauch
- 100 g Parmesan, frisch gerieben

1 Die Gemüsezwiebeln pellen, längs vierteln und in dünne Scheiben schneiden.

2 Die Butter in einem Topf zerlassen und den Reis darin kräftig anbraten.

3 Die Zwiebeln zugeben und glasig werden lassen. Brühe zugießen und alles 10 Minuten garen.

4 Die Tomaten in einem Sieb abtropfen lassen, etwas zerkleinern und nach etwa 10 Minuten zugeben.

5 Die Hälfte des Parmesans unter das Risotto mischen. Risotto mit Schnittlauch und dem restlichen Parmesan bestreuen.

Mein Tipp:

Das Risotto muss ganz heiß serviert werden, also aus dem Topf direkt auf den Teller.

Champignons nach griechischer Art

Hierzu benötigt man ganz kleine Pilze. Ich kaufe sie immer auf dem Wochenmarkt. Den Weg dorthin nehme ich gerne in Kauf, denn es macht riesig Spaß, über den Markt zu bummeln, all die frischen Köstlichkeiten zu bewundern und dort in Ruhe einzukaufen.

- 1 Dose Tomatenstückchen
- 500 g ganz kleine Champignons
- 100 g Zwiebeln
- 2 Knoblauchzehen

- 100 ml Olivenöl
- 1 EL Tomatenmark
- Salz, frisch gemahlener Pfeffer
- 2 Frühlingszwiebeln

1 Die Zwiebeln und die Knoblauchzehen fein hacken. Die Champignons säubern.

2 Das Olivenöl in einer Pfanne erhitzen, Zwiebeln und Knobi darin anschwitzen, Tomatenwürfelchen, Tomatenmark und die Champignons zugeben und mit Salz und Pfeffer würzen.

3 Das Gemüse bei guter Mittelhitze kräftig durchkochen.

4 Die Frühlingszwiebeln waschen, putzen und in sehr feine Ringe schneiden.

5 Das eingekochte Champignongemüse vom Herd nehmen und auskühlen lassen.

6 Mit den Frühlingszwiebeln bestreuen und zu gegrilltem Fleisch servieren.

Mein Tipp:

Auch als Vorspeise auf dem Antipasti-Buffet bestens geeignet.

Hauptgerichte zum Verwöhnen

Die Hauptgerichte stehen im Mittelpunkt jeder Mahlzeit. Fisch, Fleisch und Geflügel werden so vielfältig angeboten, dass es überhaupt nicht schwierig ist, Abwechslung auf den Tisch zu bringen. Allerdings spielt bei der Zubereitung immer die Qualität die entscheidende Rolle. Wir haben das Glück, dass wir uns auf unseren Metzger im Dorf blind verlassen können.
Auch sollte man die richtigen Pfannen, Bräter und Küchenmesser zur Hand haben.

Meine Familie hat früher immer die Hände über dem Kopf zusammengeschlagen, wenn ich meine Wunschzettel zum Geburtstag oder zu Weihnachten abgab. Statt Kleidung, Schmuck oder Kosmetik standen dort vorrangig Küchengeräte oder Geschirr drauf.
Denn auch auf einen schön gedeckten Tisch lege ich bei der Bewirtung meiner Gäste großen Wert. Alles muss passen und farblich abgestimmt sein: angefangen von der Tischdecke, über Geschirr, Servietten und Kerzen, bis hin zum Blumenschmuck. Oft decke ich den Tisch schon viele Stunden, bevor die Gäste eintreffen. Alfred stöhnt dabei häufig über meinen, wie er immer sagt, „Perfektionismus", freut sich aber letztendlich doch über eine schön gedeckte Tafel.

Rumpsteak mit Kräuterbutter

Egal wann man meinen Mann fragt, was er essen möchte, immer bekommt man als Standard-Antwort zu hören: „Rumpsteak mit Kräuterbutter". Ganz klar also, dass ich dieses Rezept in meine Sammlung aufnehmen musste. Zu seiner Ehrenrettung muss ich sagen, dass er auch ansonsten – zumindest was meine Kocherei angeht – sehr pflegeleicht ist. Alles was ich auf den Tisch bringe, wird von ihm mit Begeisterung gegessen. Aber Rumpsteak – oder noch viel besser Filetsteak – ist sein besonderer Favorit. Wenn man sich an bestimmte Regeln hält, werden die Steaks erstklassig.

- 4 gut abgehangene Rumpsteaks (je 200–250 g)
- Butterschmalz
- frisch gemahlener Steakpfeffer
- Salz
- Kräuterbutter

1 Das Fleisch waschen und abtrocknen. Mit frisch gemahlenem Steakpfeffer würzen.

2 Das Butterschmalz sehr stark erhitzen. Das Fett darf ruhig qualmen.

3 Die Steaks hineingeben und Hitze zurückschalten. Zunächst auf der einen Seite etwa 3–4 Minuten braten, dann wenden und nochmals 3 Minuten braten. Dann sind die Steaks „medium" also noch rosa. Aus der Pfanne nehmen und zugedeckt etwas nachziehen lassen.

4 Danach erst salzen und Kräuterbutter daraufsetzen. Ich serviere dazu meistens einen meiner Kartoffelgratins. Außerdem gibt es dazu grüne Böhnchen, die mit Frühstücksspeck umwickelt und in Butter gebraten werden.

Mein Tipp:

Die Rumpsteaks müssen Zimmertemperatur haben und dürfen nicht direkt aus dem Kühlschrank in der Pfanne landen.

Gefüllter Lachs mit Hechtmousse

Dieses Rezept hat mir vor vielen Jahren der Chefkoch aus der Vorstandsküche der Commerzbank verraten. Nach einer Aufsichtsratssitzung wurde dieses köstliche Gericht serviert. Während die hohen Herren noch über die Geschäftslage diskutierten, hatte ich nichts besseres zu tun, als mir umgehend das Rezept zu besorgen.

- 1 Seite frischen Lachs ohne Haut und Gräten (ca. 1 kg)
- 325 g Hechtfilet
- 2 Eiweiß
- ¼ l Crème Double
- Salz, Pfeffer, Muskat

- gehackten, frischen Dill
- ¼ l Kraftbrühe
- ¼ l Weißwein
- 1/8 l Crème fraîche
- 100 g Butterflöckchen

1 Den Lachs halbieren und leicht mittels Klarsichtfolie und großem Küchenmesser etwas platt klopfen.

2 Das Hechtfilet mit dem Mixer sehr fein mahlen (darauf achten, dass Fisch und Arbeitsgerät kalt sind). Danach den Hecht durch ein feines Sieb streichen.

3 Das Eiweiß kräftig unter den Hecht mixen. Crème Double und den gehackten Dill unter die Masse ziehen, mit Salz, Pfeffer und Muskat abschmecken und 1 Stunde kalt stellen.

4 Eine Hälfte vom Lachs mit der Hechtmousse dick bestreichen und die andere Hälfte oben drauf legen.

5 Den gefüllten Fisch in gebutterte Alufolie einschlagen und ca. 15–20 Minuten im siedenden Salzwasser ziehen lassen. Auspacken und in dicke Scheiben schneiden. Warm stellen.

6 Die Kraftbrühe und Weißwein zur Hälfte einkochen lassen, mit dem Schneebesen Crème fraîche und zum Schluss die Butter unterrühren. Nach Bedarf mit Salz und Pfeffer abschmecken. Nicht mehr kochen lassen.

Mein Tipp:

Dazu passt wunderbar der „Blattspinat nach Art des Hauses" und neue Kartöffelchen in Petersilienbutter geschwenkt.

Thai-Hähnchen mit Cashew-Nüssen

Früher war ich eine absolute Gegnerin der asiatischen Küche – bis mich Alfred eines Tages in ein thailändisches Restaurant in Offenbach führte. Dort probierte ich zum ersten Mal Thai-Hähnchen und ich wusste sofort: „das kochst Du auch mal"! Inzwischen gehört dieses Gericht zu unserem Repertoire, wenn „asiatisch" angesagt ist.

- 300 g Hähnchenbrustfilet
- 1–2 TL Speisestärke
- Sojasauce
- 2 Knoblauchzehen
- 1 Schalotte
- 2 Frühlingszwiebeln
- 1 rote Paprikaschote
- 3 EL Öl

- 1 EL Sesamöl
- 50 g Cashewnüsse (ungesalzen)
- Salz, Pfeffer, 1 TL Zucker
- 1 EL asiatische Fischsauce
- 1 EL asiatische Austernsauce
- 1 EL Zitronensaft
- 1 Tasse Hühnerbrühe

1 Das Fleisch in zentimeterkleine Würfel schneiden, die Speisestärke mit etwas Sojasauce anrühren und Hähnchenfleisch darin zugedeckt ziehen lassen.

2 Den Knoblauch und die Schalotte fein würfeln, Frühlingszwiebeln in Ringe schneiden. Paprika entkernen und in zentimeterkleine Würfel schneiden.

3 Das Öl im Wok erhitzen, zunächst die Cashewnüsse darin anrösten. Wichtig ist, dass unentwegt gerührt wird. Nüsse herausnehmen und beiseite stellen.

4 Das Fleisch im Wok anbraten, nacheinander Knobi, Schalotte, Frühlingszwiebeln und Paprika zufügen und ständig rühren. Sofort salzen, wenn das Gemüse in den Wok kommt. Dann mit Pfeffer und Zucker würzen.

5 Die Fischsauce, die Austernsauce, den Zitronensaft und die Hühnerbrühe angießen. Das Rühren nicht vergessen!!! Zum Schluss gegebenenfalls nochmals mit etwas Sojasauce abschmecken.

6 Die Cashewnüsse dazugeben und mit asiatischem Reis servieren.

Piccata Milanese

Als absoluter Fan der italienischen Küche habe ich mit „Piccata Milanese" mein ganz persönliches Lieblingsrezept gefunden.
Ich verwende für diese köstlichen, zarten Schnitzelchen nur Kalbs- oder Schweinefleisch der allerbesten Qualität. Zu den Schnitzelchen gibt es die klassische Tomatensauce (siehe Seite 38) und Spaghetti.

- 8–10 dünne Schnitzelchen aus dem Kalbs- oder Schweinerücken
- Salz, weißen Pfeffer, Paprika edelsüß
- Mehl
- 3 Eier
- etwas Dosenmilch

- Öl
- Semmelbrösel
- frisch geriebenen Parmesan
- frisch gehackte Petersilie
- Butterschmalz
- klassische Tomatensauce (Rezept siehe Seite 38)
- 500 g Spaghetti

1 Die Schnitzelchen mit der Hand etwas flachdrücken und dann vorsichtig von beiden Seiten mit Salz, Pfeffer und Paprika würzen.

2 In Mehl wenden, Mehl gut abklopfen. Eier mit etwas Dosenmilch und etwa 1 EL Öl gut verquirlen und Schnitzel darin wenden.

3 Die Semmelbrösel, die gleiche Menge Parmesan und frisch gehackte Petersilie miteinander vermengen. Die Schnitzel in diese Mischung geben und die Panade gut festdrücken.

4 Einen großen Topf mit Salzwasser für die Spaghetti zum Kochen bringen.

5 Das Butterschmalz in einer Pfanne stark erhitzen. Sobald die Schnitzelchen in die Pfanne gelegt werden, Hitze unbedingt herunterschalten, sonst brennt der Parmesan an! Die Schnitzelchen auf beiden Seiten ca. 3–4 Minuten braten. In der Zeit die Spaghetti „al dente" kochen.

6 Die Spaghetti mit der Tomatensauce und den Schnitzelchen servieren. Eine große Schüssel mit frisch geriebenem Parmesan dazu stellen.

Hähnchenbrust italienisch

Und schon wieder etwas italienisches!
Das saftige und magere Hähnchenbrustfilet ist auch überbacken eine Delikatesse. Man kann das Gericht schon morgens vorbereiten. Erst kurz bevor die Gäste kommen, schiebe ich das Geflügel – ganz ohne Stress – in den Ofen.

- 8 Hähnchenbrustfilets
- Salz und frisch gemahlener Pfeffer
- etwas Mehl
- 2 EL Butter
- 2 EL Öl
- 8 dünne Scheiben gekochten Schinken

- 8 dünne Scheiben Butterkäse
- 4 EL frisch geriebenen Parmesan
- 2 EL Hühnerbrühe
- etwas Zitronensaft
- 1 EL Butter zum Überbacken

1 Die Hähnchenbrüstchen vorsichtig breitklopfen. Mit Salz und Pfeffer bestreuen und in Mehl wenden. Überschüssiges Mehl entfernen.

2 Die Butter und das Öl in einer Pfanne erhitzen und die Hähnchenbrüstchen darin von jeder Seite 2 Minuten goldgelb braten. Herausnehmen und nebeneinander in eine gefettete Form legen.

3 Jede Brust mit einer Scheibe Schinken und einer Scheibe Käse belegen. Mit Parmesan bestreuen und mit Brühe und etwas Zitronensaft beträufeln. Butterflöckchen daraufsetzen.

4 Im vorgeheizten Backofen bei 200° ca. 10–15 Minuten goldbraun backen. Sofort servieren.

Mein Tipp:

Wir essen gerne frisch gebackene Rösti und Blattspinat dazu.

Gefüllter Hackbraten

Dieser Hackbraten schmeckt so gut, dass er durchaus neben einem „richtigen" Braten bestehen kann. Auch kalt aufgeschnitten ist er nicht zu verachten. Am liebsten essen wir dazu selbst gemachtes Kartoffelpüree und einen frischen, knackigen Salat.

Für 6 Personen:

- 250 g Schweinefilet
- 1 EL Butterschmalz
- 2 Brötchen vom Vortag
- Milch
- 3 Sardellenfilets

- 750 g Schweinemett
- 2 Eier
- 1 gestrichener TL Paprikapulver edelsüß

1 Das Schweinefilet in der Butter rundum anbraten, dann etwa 20 Minuten weiterbraten, abkühlen lassen.

2 Die Brötchen in Milch einweichen und ausdrücken. Gleichzeitig die Sardellen wässern, abtrocknen und feinhacken.

3 Die Brötchen und die Sardellen mit dem Hackfleisch und den Eiern zu einem Fleischteig verkneten. Mit dem Paprikapulver würzen.

4 Um das Schweinefilet mit nassen Händen aus dem Hackfleischteig einen Laib formen und den Teig von allen Seiten gut andrücken.

5 Den Hackbraten in eine gefettete Auflaufform legen und im vorgeheizten Backofen bei 200° auf der untersten Schiene ca. 40 Minuten garen. Dabei immer wieder mit etwas Bratfond aus der Auflaufform begießen.

Mein Tipp:

Den Braten etwas ruhen lassen und erst dann in Scheiben schneiden.

Fischragout auf ungarische Art

Fisch zu servieren, ist immer etwas ganz Besonderes. Der Fisch wird bei dieser Zubereitung unvergleichbar zart und sein feines Aroma kommt durch die Kombination mit dem Gemüse und den Gewürzen voll zur Geltung.

• 1 Gemüsezwiebel • je 1 rote und grüne Paprikaschote • 20 g Butter • 1/8 l Brühe (Instant) • 4 EL Weißwein • 200 g Crème fraîche	• 500 g Kabeljaufilet • 2–3 EL Zitronensaft • Salz, Pfeffer aus der Mühle • 2 TL Paprikapulver • 30 g Butterschmalz • 4 EL Paprikamark • 2 EL Saucenbindemittel (hell)

1 Die halbierte Zwiebel in Scheiben, geputzte Paprikaschoten in Stücke schneiden.

2 Die Butter schmelzen, Zwiebel und Paprika andünsten, Brühe, Weißwein und Crème fraîche angießen, zugedeckt 5 Minuten garen lassen.

3 Den Fisch mit Zitronensaft, Salz, Pfeffer, Paprikapulver würzen, würfeln und in Butterschmalz 5 Minuten anbraten.

4 Das Paprikamark zum Gemüse geben, Saucenbindemittel einstreuen, nochmal aufkochen, salzen und pfeffern. Fischfilet unters Gemüse heben und auf vorgewärmten Tellern servieren.

Mein Tipp:

Eine ideale Beilage ist körnig gekochter Reis und eine bunte Mischung knackiger Blattsalate mit Joghurtdressing.

Burgunderbraten

Als ich vor vielen Jahren zu einer Geburtstagsparty den Burgunderbraten servierte, schaute ich in einige skeptische Gesichter. Schließlich war damals gerade die BSE-Krise in aller Munde. Während der heftigen Diskussion hierüber schmeckte jedoch meinen Gästen der Burgunderbraten hervorragend. „Wir essen sonst überhaupt kein Rindfleisch", sagte einer meiner Freunde voll Überzeugung, während er in die Küche ging, um noch ein paar Scheiben von dem „wahnsinnig guten Fleisch" auf den Teller zu laden.

- 750 g Rindfleisch vom Bug oder aus der Keule (gut abgehangen)
- schwarzer Pfeffer, Salz
- 75 g geräucherter fetter Speck
- 20 g Margarine
- 2 Zwiebeln
- ¼ Sellerieknolle
- 2 Möhren
- 1 Petersilienwurzel
- 3/8 l heißes Wasser
- 2 EL Mehl
- 1 Flasche Burgunder
- süße Sahne

1 Das Rindfleisch kurz abspülen und trockentupfen. Mit Pfeffer und Salz einreiben. Den Speck würfeln, in einem Topf auslassen. Margarine darin erhitzen. Rindfleisch reingeben und von allen Seiten schön braun anbraten.

2 In der Zwischenzeit Zwiebeln, Sellerie, Möhren und Petersilienwurzel in Scheiben schneiden und 5 Minuten mitbraten.

3 Heißes Wasser und etwas Wein vom Topfrand her zugießen. Fleisch im geschlossenem Topf 90 Minuten bei mittlerer Hitze schmoren lassen. Gelegentlich mit Fond begießen.

4 Den Braten aus dem Topf nehmen und in Scheiben schneiden. Den Bratfond durch ein Sieb gießen. Mehl mit Wasser in einer Tasse verquirlen und in den Fond rühren. 5 Minuten kochen lassen.

5 Nun kommt die Kunst des Abschmeckens: Wein zum Fond geben, salzen und pfeffern, vielleicht etwas Sahne dazu? Jede Art von Würzen ist eine Frage des Fingerspitzengefühls, das kein Kochbuch vermitteln kann.

Gefüllte Schweinekoteletts

Dieses Hauptgericht aus der griechischen Küche ist so herzhaft und köstlich, dass es auf gar keinen Fall in meinem Kochbuch fehlen durfte.
Schafskäse und Mandeln machen aus den Koteletts etwas ganz besonderes.

• 4 Schweine-Stielkoteletts	• 1 Knoblauchzehe
• Salz, Pfeffer	• 1 Zwiebel
• 150 g Schafskäse	• 1 Päckchen stückige Tomaten
• 1 Bund glatte Petersilie	• Thymian und Basilikum
• 2 EL Mandeln	• 3 EL Öl
• 3 EL Basilikumöl	• 1/8 l klare Brühe (Instant)

1 Die Schweinekoteletts vom Metzger am Knochenende ein wenig zurückschneiden lassen und in jedes Kotelett eine Tasche schneiden lassen. Innen und außen mit Salz und Pfeffer würzen.

2 Den Schafskäse mit einer Gabel zerdrücken. Petersilie und Mandeln im Mixer kurz zerhacken, dann Schafskäse und 1 Esslöffel Basilikumöl dazugeben, alles zu einer cremigen Masse pürieren.

3 Die Koteletts damit füllen, die Öffnungen mit Holzstäbchen zustecken.

4 Den Knoblauch und die Zwiebel fein würfeln, in 2 Esslöffel Basilikumöl andünsten.

5 Tomatenstücke, Thymianblättchen und fein gehacktes Basilikum dazu geben, mit Salz und Pfeffer würzen und offen 10 Minuten leise kochen lassen.

6 Das Öl in einer Pfanne erhitzen. Koteletts darin von jeder Seite 2–3 Minuten scharf anbraten. Dann weitere 4–5 Minuten auf jeder Seite bei mittlerer Hitze fertigbraten. Herausnehmen, in Alufolie wickeln und ruhen lassen.

7 Den Bratensatz mit Brühe ablöschen und zur Tomatensauce geben. Mit den Koteletts servieren.

Mein Tipp:

Dazu passt Fladenbrot.

Schweinelende „Shanghai"

Im Wok kann man nicht nur rühren, schmoren und braten, sondern auch frittieren.

Das ist äußerst praktisch – denn das Fleisch wird innerhalb kürzester Zeit sehr knusprig und man braucht nur relativ wenig Fett dafür. Zu der Schweinelende „süß-sauer" muss unbedingt fernöstlicher Reis serviert werden, natürlich habe ich auch dazu die passende Anleitung.

• 500 g Schweinelende	• 2 Möhren
• 5 EL Sojasauce	• 250 g Ananasstücke und -saft
• 1 Eiweiß	(aus der Dose)
• Salz	• 2 EL trockener Sherry
• 3–4 EL Speisestärke	• 3 EL Tomatenketchup
• 1 große Zwiebel	• 3 EL Weißweinessig
• 2 Knoblauchzehen	• 3 EL brauner Zucker
• 1 grüne Paprikaschote	• ½ l Öl zum Frittieren

1 Das Fleisch in mundgerechte Stücke schneiden und mit 2 EL Sojasauce, Eiweiß, 1 TL Salz und 3 EL Speisestärke gut vermischen. 30 Minuten kalt stellen.

2 Inzwischen die Zwiebel schälen und in dünne Scheiben schneiden. Knoblauch fein hacken. Die Paprikaschote waschen, entkernen und in 2 cm große Stücke schneiden. Möhren schälen und schräg in dünne Scheiben teilen. Ananasstücke abgießen und den Saft dabei auffangen.

3 Für die Würzsauce 4 EL Wasser mit 1 TL Speisestärke verquirlen, Sherry, übrige Sojasauce, Tomatenketchup, Essig, Zucker, Salz und 100 ml Ananassaft darunterrühren.

4 Das Öl im Wok stark erhitzen (180°). Die Fleischwürfel darin portionsweise in 4–5 Minuten goldbraun ausbacken, dann mit einer Schaumkelle herausnehmen und auf Küchenpapier kurz abtropfen lassen. Zugedeckt warm halten.

5 Das Fett bis auf 3 EL aus dem Wok abgießen, verbliebenes Öl erneut erhitzen. Knoblauch wenige Sekunden darin anrösten. Zwiebel, Paprika und Möhren dazugeben und etwa 3 Minuten unter Rühren braten.

6 Die Würzsauce kräftig durchrühren. In den Wok gießen und unter Rühren zum Kochen bringen. Erst die Ananasstücke dazugeben und bei mittlerer Hitze 2 Minuten garen, dann das Fleisch darin noch 1 Minute erhitzen.

Dazu Reis fernöstliche Art:

1 Zwei Tassen Klebreis in einem Sieb unter laufendes Wasser halten und so lange durchspülen, bis das Wasser klar herausläuft.

2 Den Reis in einen Topf geben und mit gut 3 Tassen Wasser auffüllen, das Wasser soll zweifingerhoch über dem Reis stehen. Salzen, ohne Deckel so lange kochen, bis nur noch eine dünne Wasserschicht über der Reisoberfläche sichtbar ist.

3 Auf kleinster Hitze nunmehr zugedeckt etwa 20 Minuten ausquellen lassen. Erst kurz vor dem Servieren mit einer Gabel auflockern.

Mein Tipp:

Die Supermärkte haben inzwischen fast alle eine gut sortierte Asia-Ecke. Dort findet man auch die unterschiedlichsten Reissorten. Ich persönlich finde Basmati- oder Jasminreis sehr lecker.

71

Gegrillte Lammspießchen

Alfred war beim Lesen meines ersten Kochbuchentwurfes ganz entsetzt, als er feststellte, dass ich kein Lammrezept aufgenommen hatte. Das habe ich dann ganz schnell geändert.
Egal wie Kalender und Wetterbericht aussehen: Sommer ist immer dann, wenn gegrillt wird. Der unvergleichlich würzige Duft, der durch Gärten und über Balkone zieht, macht Lust darauf, sich draußen aufzuhalten. Warum eigentlich immer nur Steaks und Würstchen grillen?
Wer einmal diese köstlichen Lammspießchen probiert hat, wird sicherlich ganz schnell auf die Seite der Lammliebhaber wechseln.

• 750 g mageres Lammfleisch	• Salz, Pfeffer
• 1–2 Knoblauchzehen	• Kräuter der Provence
• Saft 1 Zitrone	• Salz, Pfeffer und Kräuter der
• 1/8 l Olivenöl	Provence

1 Das Fleisch waschen, trockentupfen und in dünne, ca. 2 cm große Scheiben schneiden. In eine Schale legen.

2 Den Knoblauch schälen und fein hacken. Mit Zitronensaft und Öl verrühren. Das ganze mit Salz und Pfeffer würzen und Kräuter der Provence dazu geben.

3 Die Marinade über das Fleisch gießen, alles mischen und zugedeckt im Kühlschrank 1 Stunde durchziehen lassen.

4 Die Fleischscheibchen dicht nebeneinander auf 4 große Metallspieße stecken und auf dem heißen Grill von allen Seiten ca. 10 Minuten grillen.

Mein Tipp:

Dazu schmecken Ofenkartoffel und Tsatsiki ganz vorzüglich.

Hähnchenragout in Tomatensauce mit Bandnudeln

Dieses Rezept geht blitzschnell. In ca. 20 Minuten hat man ein komplettes Essen auf den Tisch gezaubert. Während die Nudeln garen, wird das Hähnchenragout zubereitet. Dazu passt ganz toll ein leichter, gekühlter Rosé.

- 400 g Bandnudeln
- Salz
- 1 kg Hähnchenbrustfilets
- 30 g Butterschmalz
- 2 Zwiebeln
- 2 Knoblauchzehen
- Pfeffer

- 4 EL Mehl
- 4 EL Tomatenmark
- ½ l heiße Brühe
- 1 Bund Schnittlauch
- 400 g Crème fraîche
- geschroteter Java-Pfeffer
- viel Knoblauchpulver

1 Die Bandnudeln in kochendes Salzwasser geben und „al dente" kochen.

2 Inzwischen das Hähnchenbrustfilet in feine Streifen schneiden. Die Streifen in heißem Butterschmalz rundherum anbraten.

3 Die Zwiebeln und Knoblauch würfeln und zum Fleisch geben. Das Ganze mit Salz und Pfeffer würzen.

4 Das Mehl darüber stäuben, kurz anschwitzen, dann das Tomatenmark zugeben und die Brühe zugießen. 5 Minuten köcheln lassen.

5 Die Crème fraîche unterrühren und Schnittlauch in Röllchen schneiden.

6 Mit geschrotetem Java-Pfeffer und Knoblauchpulver abschmecken und mit Schnittlauch bestreuen. Nudeln abschütten und sofort servieren.

Mein Tipp:
Statt Java-Pfeffer kann man auch geschroteten Steakpfeffer verwenden.

Pizza „al gusto"

Wenn Patrick die Möglichkeit hätte, würde er fast jeden Tag Pizza essen. Bei der Auswahl des Belags ist er recht bescheiden. Am liebsten mag er die Pizza mit Schinken, Käse und Zwiebeln. Es gibt jedoch die tollsten Variationen und es ist sicher für jeden Geschmack etwas dabei. Ist erst mal der Pizzateig fertig und die Tomatensauce (Pizzaiola) auf den Teig gestrichen, sind der Phantasie keine Grenzen gesetzt. Die Pizza kann ganz nach „gusto" belegt werden. Wie wäre es zur Abwechslung mal mit einer Pizza mit Thunfisch, Auberginen oder Schafskäse?

Für ca. 3 Backbleche

<table>
<tr><td>

für den Teig:
- 1 kg Mehl
- 1 Würfel Hefe
- knapp 1 l lauwarmes Wasser
- 1 Prise Zucker
- 1 EL Salz
- 2–3 EL Olivenöl
- flüssige Butter

</td><td>

für die Pizzaiola:
- 1 Zwiebel
- 2–4 Knoblauchzehen
- 2–3 EL Olivenöl
- 1 große Dose geschälte Tomaten
- 1–2 EL Tomatenmark
- 1 Glas Rotwein
- 1 Rosmarinzweig
- 3–4 Petersilienstängel
- 1 TL getrocknetes Oregano
- Salz, Pfeffer

</td></tr>
</table>

1 Für die Pizzaiola Zwiebel und Knoblauch schälen, fein würfeln und im heißen Öl in einem großen Topf dünsten, jedoch keine Farbe annehmen lassen.

2 Die Tomaten mit Saft hinzufügen, das Tomatenmark unterrühren, mit Rotwein auffüllen. Rosmarin, Petersilie und Oregano zufügen, salzen und pfeffern.

3 Die Sauce auf kleiner Flamme ohne Deckel ruhig eine Stunde köcheln lassen. Sie sollte zum Schluss sehr dickflüssig, fast wie eine Paste, sein.

4 Das Mehl in die Schüssel der Küchenmaschine füllen. Die Hefe zerbröckeln, in einer Tasse lauwarmem Wasser auflösen. Den Zucker unterrühren. Zum Mehl geben und mit etwas Mehl vermischen. Zudecken und etwa eine halbe Stunde gehen lassen.

5 Jetzt das Salz und das Olivenöl, die flüssige Butter zufügen, die Maschine einschalten und bei laufendem Knetarm langsam in dünnem Strahl das Wasser angießen. Der Teig ist fertig, wenn er sich glatt vom Schüsselrand löst und weich, nicht mehr klebrig wirkt. Zugedeckt bei Zimmertemperatur eine Stunde gehen lassen.

6 Den Teig dann von Hand auf dem Tisch noch einmal gut durchkneten und halbzentimeterdünn ausrollen. Auf Backbleche geben, die mit Backpapier ausgelegt sind.

7 Die Pizzaiola dünn auf den Teig streichen und nach „gusto" mit Schinken, Salami, Pilzen – oder worauf man gerade Lust hat – belegen. Mit Käse bestreuen und im vorgeheizten Ofen bei 250° ca. 15 Minuten backen. Der Teig muss schön knusprig sein und der Belag soll brodeln.

Etwas Süßes zum Dessert

Wenn Vorspeise, Hauptgericht und Wein das ihre zum Wohlbefinden beigetragen haben, steht einem – so satt man auch ist – immer noch der Sinn nach etwas Süßem.

Wenn ich zu einem festlichen Essen einen Nachtisch mache, dann soll es auch etwas Besonderes sein. Ich freue mich immer sehr über die „Ahs" und „Ohs", wenn ich das Dessert – also den krönenden Abschluss – auf den Tisch bringe. Bis jetzt hat auch niemand von meinen Gästen „das Süße zum Schluss" dankend abgelehnt. Ganz im Gegenteil: oft wurde in der Küche noch nach möglichen Resten gespäht.

Creme Caramel

Die Creme Caramel habe ich zum ersten Mal in Spanien gegessen – und ich war total begeistert. Ich behaupte, mit diesem Rezept mit allen Spaniern mittlerweile konkurrieren zu können. Ein klein wenig Übung sowie etwas Geduld und die Creme gelingt garantiert.

- 1 Vanilleschote
- ¾ l Milch
- 4 Eier
- 5 Eigelbe

- 180 g Zucker
- 1 Prise Salz
- 2 EL Wasser

1 Die Vanilleschote längs halbieren, das Mark herauskratzen und zusammen mit der Schote in die Milch geben. Die Milch einmal aufkochen und auf der abgeschalteten Herdplatte 30 Minuten ziehen lassen. Die Vanilleschote herausnehmen. Den Backofen auf 150° vorheizen.

2 Etwa ein Viertel des Zuckers mit dem Wasser in einer Pfanne verrühren, dann bei starker Hitze schmelzen und hellbraun werden lassen. Dabei nicht mehr rühren, sonst gelingt das Karamell nicht. Sechs ofenfeste Förmchen mit dem Karamell ausgießen.

3 Die Eier, die Eigelbe, den restlichen Zucker und das Salz mit dem Mixer schlagen, bis die Masse gleichmäßig gelb ist und weder Eigelb- noch Eiweißfäden mehr zu sehen sind. Die warme Milch langsam zugießen und die Eier damit verquirlen. Die Eiermilch durch ein feines Sieb gießen, damit keinesfalls Eiweißklümpchen darin bleiben. Dann in die Förmchen verteilen.

4 Einen ausreichend großen Topf mit heißem Wasser füllen, die Förmchen hineinstellen und in den Backofen schieben.

5 Die Creme Caramel 70–80 Minuten garen. Bei Bedarf in das Wasserbad etwas kochendes Wasser nachgießen, damit die Förmchen immer zu mindestens 2 Dritteln im Wasser stehen. Für die Garprobe vorsichtig ein Holzstäbchen in die Mitte des Desserts stechen: Es dürfen keine feuchten Cremereste daran hängen bleiben. Die Förmchen herausnehmen, die Creme darin erkalten lassen, dann über Nacht im Kühlschrank fest werden lassen.

6 Die Creme mit einem spitzen, kleinen Messer rundherum vom Rand der Förmchen lösen und vorsichtig auf Dessertteller stürzen.

Gefüllte Schokoladenkrapfen auf Orangen-grenadine

Alfred hatte mir im letzten Jahr ein supertolles Kochseminar im Restaurant „Rosenpalais" in Regensburg geschenkt. Dort entstand im übrigen auch die Idee für ein eigenes Kochbuch.

Ein junger Patissier zeigte mir, wie man gefüllte Schokoladenkrapfen macht. Das Rezept ist einfach himmlisch und ich war am Ende des Kochseminars auf Wolke 7.

Für die Füllung:

- 100 ml Crème fraîche
- 250 g fein geraspelte dunkle Kuvertüre
- 50 g weiche Butter

Für den Krapfenteig:

- 250 g Mehl
- 50 g Kakao
- 5 g Salz
- 50 g Zucker

- 250 ml Champagner
- 50 g zerlassene Butter
- 2 Eier
- Öl zum Frittieren

Für die Grenadine-Orangen:

- 100 g Zucker
- Saft von 2 Orangen
- 2–3 cl Grenadine

- ½ TL. Stärke
- Filets von zwei Orangen

1 Die Crème fraîche in einem kleinen Topf erhitzen, vom Feuer nehmen und die Schokolade einrühren, abkühlen lassen und zum Schluss die Butter hinzufügen und kaltstellen.

2 Mit einem Spritzbeutel trüffelgroße Pralinen auf ein mit Pergamentpapier ausgelegtes Blech spritzen. Nochmals kalt stellen.

3 In einer Rührschüssel Mehl, Kakao, Salz, Zucker, Eier und Champagner zu einem geschmeidigen Teig verrühren, dann die zerlassene Butter zugeben.

4 Den Zucker karamellisieren mit Orangensaft ablöschen, Grenadine hinzufügen und mit Stärke abziehen.

5 Die Pralinen jeweils einzeln in den Krapfenteig tauchen und in Öl bei 180° ausbacken.

6 Die ausgebackenen Krapfen in der Mitte des Tellers anrichten. Die Filets der Orangen um die Krapfen verteilen und mit der Sauce der Grenadine-Orangen umgießen. Mit Puderzucker garnieren und sofort servieren.

Mein Tipp:
Da das Dessert sehr üppig ist, sollte man vorher wirklich nur ein Süppchen essen.

Erdbeercharlotte

Wenn ich die Erdbeercharlotte auf den Tisch bringe, kann keiner meiner Gäste widerstehen. Schon beim Anblick läuft einem das Wasser im Mund zusammen, dabei ist die Zubereitung ganz einfach.

• 8 Blatt rote Gelatine • 750 g Erdbeeren • 4 EL Zucker • 2 EL Himbeergeist	• ½ l Sahne • 2 Päckchen Vanillezucker • 150 g Löffelbiskuits

1 Gelatine in kaltem Wasser einweichen. Erdbeeren waschen und putzen. 1/3 würfeln und zur Seite stellen.

2 Restliche Erdbeeren mit dem Schneidstab des Handrührers pürieren, mit Zucker und Himbeergeist würzen. Tropfnasse Gelatine bei milder Hitze auflösen. Unter das Fruchtpüree rühren. 30 Minuten kalt stellen.

3 Etwa 1/4 l Sahne mit dem Vanillezucker steif schlagen.

4 Etwas Sahne in einen Spritzbeutel füllen und in einer kleinen Springform (18 cm Durchmesser) einen Rand spritzen.

5 Die Löffelbiskuits mit der gezuckerten Seite nach außen in die Sahne setzen.

6 Restliche steife Sahne mit den Erdbeerwürfeln unter das Fruchtpüree ziehen.

7 Die Masse in die Form füllen. Ca. 2 Stunden kalt stellen. Springformrand lösen. Charlotte mit dem Springformboden auf einen Teller stellen. Restliche Sahne steif schlagen, die Charlotte damit verzieren.

Mein Tipp:

Den Tellerrand mit dünn geschnittenen Erdbeerscheibchen umlegen und etwas frische Minze auf die Charlotte geben.

Apple Crisp

„Apple Crisp" heißt diese Nachspeise in den USA, was soviel wie „knusprige Äpfel" bedeutet.
Die Früchte werden mit Streuseln bedeckt und im Ofen gebacken.
Schlagsahne und/oder Vanilleeis schmecken ganz toll dazu.

- 100 g Butter
- 175 g Mehl
- 100 g brauner Zucker
- ½ EL gemahlener Zimt
- 1 Prise Salz

- abgeriebene Schale von ½ unbehandelten Zitrone
- 4 Äpfel
- 2 EL Sahne

1 Für die Streusel die Butter zerlassen. Das Mehl mit dem Zucker, dem Zimt, dem Salz und der Zitronenschale in einer Schüssel mischen. Die Butter darüberträufeln und alles mit einer Gabel zu Streuseln verkneten.

2 Die Äpfel vierteln, schälen, vom Kerngehäuse befreien, in Schnitze teilen und schuppenförmig in eine ausgebutterte Gratinform schichten.

3 Mit der Sahne beträufeln und mit den Streuseln bedecken. Im vorgeheizten Ofen bei 180° ca. 40 Minuten backen.

Mein Tipp:

Apple Crisp kann man auch zum Nachmittagskaffee servieren.

Erdbeeren „San Remo"

Durch Erdbeeren „San Remo" wird auch der heißeste Sommer zum reinen Vergnügen. Man kann sie als Dessert nach einem Festessen oder ganz einfach auch mal zwischendurch als Erfrischung genießen.

- 250 g Erdbeeren
- 9 EL Zucker
- 3 Eigelb
- 1 Päckchen Vanillezucker

- eine Messerspitze Muskat
- 3 TL Cognac
- ¼ l Sahne
- 1 Riegel bittere Schokolade

1 Die Erdbeeren waschen, halbieren und 3 EL Zucker darüber streuen. 15 Minuten zugedeckt ziehen lassen.

2 Für die Creme Eigelb mit restlichem Zucker, Vanillezucker, Muskat und Cognac schaumig rühren. Sahne steif schlagen und unterziehen.

3 Die Erdbeeren in 4 Gläser verteilen, Creme drüberlaufen lassen. 10 Minuten in den Kühlschrank stellen. Von der Schokolade mit dem Messer Späne abschneiden und die Erdbeeren damit verzieren. Sofort servieren.

Mein Tipp:

Statt Schokolade gebe ich auch mal frisch geröstete Mandelsplitter über die Creme.

Himbeeren Ticinella

Ich finde, der italienische Name „Ticinella" klingt allein schon gut. Noch besser aber schmeckt das Dessert. Das praktische ist, man muss gar nicht auf die „Himbeerzeit" warten, sondern kann in dem Fall sehr gut auf tiefgekühlte Beeren zurückgreifen.

- 500 g frische oder tiefgekühlte Himbeeren
- 300 g Puderzucker
- 1 Eiweiß
- Saft einer halben Zitrone

- 4 Gläschen Himbeergeist
- 1/8 l Sahne
- Vanilleeis
- Eiswaffeln zum Garnieren

1 Die frischen oder aufgetauten Himbeeren in einer flachen Schüssel mit einer Gabel zerdrücken. Mit Puderzucker bestreuen.

2 Das Eiweiß steif schlagen, unter die Himbeeren heben.

3 Den Zitronensaft und Himbeergeist unterziehen. Sahne steif schlagen, auch unterheben.

4 In hohe Eisbecher je 1–2 Kugeln Vanilleeis hineingeben und die Creme drüberlaufen lassen.

Mein Tipp:

Mit einigen Himbeeren, Eiswaffeln und frischer Minze garnieren.

Mousse au chocolat facile

Es gibt sehr viele unterschiedliche Möglichkeiten, eine Mousse au chocolat zuzubereiten.
Dieses Rezept ist besonders zart und luftig. Die Mousse zergeht einem förmlich auf der Zunge.

• 200 g Zartbitterschokolade	• 5 Eier (getrennt)
• 3 EL Wasser	• 1/8 l Sahne
• 1 TL Espresso	• 5 Päckchen Vanillezucker

1 Schokolade aus dem Kühlschrank in einem Töpfchen langsam zum Schmelzen bringen. 3 EL Wasser und 1 TL Espresso dazugeben.

2 Alles zusammen auf kleinster Herdstufe glattrühren. Vom Herd nehmen und erkalten lassen (lauwarm).

3 Das Eigelb und 5 Päckchen Vanillezucker schaumig schlagen. Das Eiweiß und die Sahne getrennt steif schlagen.

4 In die fast erkaltete Schokolade das Eigelb unterrühren. Sahne darunterheben und Eiweiß dazugeben. In eine Glasschüssel füllen, mit Alufolie bedecken und in den Kühlschrank stellen, fest werden lassen.

Mein Tipp:

Zur Mousse passt eine Vanillesauce, die mit frisch geschlagener Sahne und Eierlikör angereichert wird.

Weiße Schokoladenmousse à la Gabi

Als mal wieder Freunde zum Essen kamen, hatte ich mir in den Kopf gesetzt, als Dessert eine weiße Schokoladenmousse zu machen. Leider war das Rezept unauffindbar. So kam es, dass ich mir mein ganz eigenes Rezept dafür ausdachte.

- 1/4 l Sahne
- 200 g weiße Schokolade
- 2 Eier (getrennt)

- etwas Orangenlikör
- 4 Blatt Gelatine

1 Die Hälfte der Sahne in einen Topf geben und 200 g weiße Schokolade darin schmelzen. Abkühlen lassen.

2 Das Eigelb mit Orangenlikör schaumig schlagen, weiße Schokolade unterrühren. 4 Blatt Gelatine auflösen und ebenfalls unterrühren. Kurz kalt stellen.

3 Das Eiweiß und 1/8 l Sahne steif schlagen. Unter die Schokoladenmasse heben.

4 Mindestens 2 Stunden kalt stellen.

Mein Tipp:
Dazu passt ein schönes Schokoladensößchen.

Apfel-Vanille-Schichtdessert

Dies ist eine Abwandlung vom italienischen Tiramisu. Mascarpone und Kakao werden durch Vanillepudding und Apfelkompott ersetzt. Das muss man mal probiert haben.
Die Menge füllt eine große Auflaufform und viele Gäste können sich an dem Nachtisch erfreuen.

- 2 Päckchen Vanillepudding
- 4 EL Zucker
- 1 l Milch, 2 Eigelb
- 10 g Butter
- 2 Eiweiß, 1 Prise Salz
- etwa 30 Löffelbiskuits

- 200 ml Apfelsaft
- 6 EL Calvados
- 2 Gläser Apfelkompott
- 3 Becher Sahne
- 1 Päckchen Vanillezucker, Zimt

1 Das Puddingpulver mit dem Zucker, 6 EL Milch und Eigelb glattrühren. Restliche Milch aufkochen, Puddingpulver und die Butter unterrühren, aufkochen.

2 Das Eiweiß mit Salz sehr steif schlagen, unterheben, kalt stellen.

3 Die Löffelbiskuits mit Apfelsaft und Calvados beträufeln. Den Boden der Form mit Biskuits auslegen. Die Hälfte vom Apfelkompott, den Vanillepudding und die andere Hälfte Apfelkompott daraufschichten.

4 Die Sahne mit Vanillinzucker steif schlagen, in einen Spritzbeutel füllen und das Dessert damit garnieren. Mit Zimt bestreut servieren.

Mein Tipp:

Das Dessert am Vortag zubereiten und im Kühlschrank gut durchziehen lassen. Den Zimt erst vor dem Servieren über die Apfelspeise sieben.

Joghurtcreme mit Himbeersauce

Dieses Dessert ist sommerlich leicht und sehr erfrischend. Es läßt sich fabelhaft vorbereiten, denn es muss kurz vor dem Servieren nur noch aus den Förmchen gestürzt und schön mit Himbeersauce angerichtet werden.

Für 4 bis 6 Personen:

- 50 g Zucker
- 1/10 l Zitronensaft
- 2 Blatt Gelatine
- 100 g Joghurt
- 2 Eiweiß

- 2 TL Zucker
- 1/8 l Sahne
- 300 g Himbeeren
- 2 EL Zucker

1 Den Zucker in einem kleinen Töpfchen in 2–3 EL Wasser schmelzen. Den Zitronensaft zufügen, etwas einkochen.

2 Die Gelatine in kaltem Wasser einweichen, im heißen Zitronensaft auflösen.

3 Den Joghurt unterrühren und abkühlen lassen.

4 Das Eiweiß mit 2 TL Zucker steif schlagen und unter die Joghurtmasse ziehen. Schließlich auch die Sahne steif schlagen und gleichmäßig unter die Joghurtmasse heben.

5 Die Masse in kleine Portionsförmchen verteilen und im Kühlschrank mindestens 2 Stunden, besser über Nacht, fest werden lassen.

6 Die Himbeeren mit dem Zucker vermischen, dabei zerdrücken und Saft ziehen lassen. Auf dem Herd kurz erhitzen, durch ein Sieb drücken und abkühlen lassen.

7 Zum Servieren die Creme aus den Förmchen stürzen. Das geht ganz leicht, wenn man mit einem spitzen Messer die Creme rundum vom Förmchenrand löst. Dann taucht man die Förmchen blitzschnell in heißes Wasser und stürzt sie auf Teller.

8 Die Joghurtcreme mit Himbeersauce umgeben und servieren.

Obstsalat mit Eierlikörcreme

Etwas Obst nach dem Essen geht immer – besonders wenn daraus so ein leckerer Obstsalat wird. Und da wir bei einem guten Essen ja nicht auf Kalorien achten, kann der Obstsalat ruhig noch einen Klecks Eierlikörcreme vertragen.

- 750 g Erdbeeren
- 6–8 Kiwi
- 1 Dose Aprikosen
- 3 EL Erdbeerkonfitüre
- 2 EL Zitronensaft

- 250 g Mascarpone
- 250 g Magermilchjoghurt
- 200 ml Eierlikör
- 4–5 EL Milch
- 2 Päckchen Vanillezucker

1 Die Erdbeeren waschen und vierteln. Kiwi schälen und in Scheiben schneiden. Aprikosen abtropfen lassen und in Spalten schneiden.

2 Die Konfitüre, den Zitronensaft und 4 EL Aprikosensaft verrühren. Die Früchte unter die Masse rühren und 30 Minuten durchziehen lassen.

3 Die Mascarpone, den Joghurt, den Eierlikör, die Milch und den Vanillezucker verrühren. Die Sauce kühl stellen.

4 Den Obstsalat in eine große Glasschüssel geben. Eierlikörcreme extra reichen.

Mein Tipp:
Bei der Zubereitung des Obstsalats sind der Fantasie keine Grenzen gesetzt, denn auch andere Früchte eignen sich hierzu ganz hervorragend.

Kaiserschmarren

Vor einem Kaiserschmarren sollte man wirklich nur etwas ganz leichtes essen. Der österreichische Nachtisch ist so reichhaltig, dass wir ihn oft sogar als Hauptgericht verspeisen.

- 200 g Mehl
- 3/8 l Milch
- 125 g Sahne
- 1 Päckchen Vanillezucker
- etwas abgeriebene Zitronenschale

- 1 Prise Salz
- 5 Eier
- 4 EL zerlassene Butter
- Puderzucker
- Butterschmalz

1 Das Mehl mit der Milch, der Sahne, dem Vanillezucker, der Zitronenschale und dem Salz verrühren. Den Teig 20 Minuten ruhen lassen.

2 Die Eier trennen. Die Eigelbe und die zerlassene Butter unter den Teig rühren. Die Eiweiße steif schlagen und mit dem Schneebesen unter den Teig ziehen.

3 Reichlich Butterschmalz in einer Pfanne heiß werden lassen. Etwa die Hälfte des Teiges hinzugeben und so lange backen, bis die Masse am Rand fest wird. Den Eierkuchen wenden und auf der Unterseite etwa 3 Minuten backen.

4 Erst dann mit zwei Gabeln in Stücke reißen und mit 1 TL Puderzucker bestreuen. Den Schmarren unter Wenden so lange backen, bis er goldgelb glänzt. Im Backofen warm stellen. Die zweite Hälfte genauso backen.

5 Den Schmarren mit Puderzucker bestreuen.

Mein Tipp:

Warmen Pflaumenkompott dazu reichen.

Rezeptregister

Rezeptregister

Rezeptregister